もう話そう

私と巻原発住民投票

計画白紙撤回まで34年の回顧録

高島民雄

現代人文社

はしがき

２００３年（平成15年）12月、東北電力株式会社（以下、東北電力）が巻原発計画（新潟県旧西蒲原郡巻町大字角海浜［現新潟市西蒲区角海浜］の４機の原発建設計画）の白紙撤回を表明してから13年、１９９５年（平成7年）1月の「巻原発・住民投票を実行する会」による自主管理住民投票からは21年もの歳月が流れた。時の流れは否応なしに人々の記憶を奪い去る。日本の歴史上も稀有な出来事といってよい、国と国が国策として推進する一大事業に対する市民住民運動の完全勝利、そして運動の最終章で登場しこの勝利に決定的役割を演じた「巻原発・住民投票を実行する会」とその闘いの数々、これらの事実もまた人々の記憶の奥深くしまいこまれようとしている。

本が出版され映画もつくられたが、巻原発住民投票運動の真の姿を伝えることはできていない。事実を知らないことによる誤解や見方の違いによるものもあるが、このままでは、それらに描かれたところが巻原発住民投票運動の歴史的事実として固定されてしまうことにもなりかねない。そして、原発の建設必至の瀬戸際で生活を賭して決起し「巻原発・住民投票を実行する会」を立ち上げた勇者たち、苦境をいくつも乗り越え一歩も引くことなく闘い抜いて勝利を手にした彼らの9年間が、歴史の背後に埋もれ、忘れ去られてしまう。

2013年（平成25年）に製作され全国で上映された映画『渡されたバトン――さよなら原発』に至っては、長い運動の過程のある側面だけが異様に誇張されているうえ、「実行する会」の住民投票運動については、その枢要部分がまったくといっていいほど描かれていない。監督ら関係者から私も一度だけ説明を受けたが、撮影に入る直前で、取材をしたことのアリバイづくりに顔を出しただけであることが明らかな訪問であって、帰り際に監督が言い残した言葉も、「まあ、事実と異なるところもあるでしょうが、そこはエンタテインメントですから……」だった。

映画づくりの準備過程はちらほら私の耳にも入っていた。当初地元の世話役として映画製作に協力する人物がいた。「実行する会」運動の節目の場面にも立ち会ったことがありその過程を良く知る彼は、映画の内容と実際の住民投票運動とのあまりの乖離に何度も脚本の再検討を要請した。しかし、その要望が顧慮されることはなく、早い段階で彼は世話役から身を引いたというのである。監督らが訪れた数日後、私の手元に「脚本」の最終稿が届いた。一読して電話を取り、監督に抗議した。

「いかにエンタテインメントとはいえ、巻町の住民投票運動をこのようなストーリーに矮小化することが許されるのか。この内容では住民投票運動の歴史的事実を歪めることになる」

その後の新聞報道なども、上辺をなぞるだけの判で押したような記事が繰り返し書かれるだけで、そこに住民投票運動の中核を担い続けた「実行する会」の仲間たちの姿はすでになく、条例に基づく住民投票から町民との約束のゴールに辿り着くまでに要した7年と4カ月、百年にも思われた「実行する会」苦難の道行きに人々の目が向けられることも遂にない。

このままでいいのだろうか。いったいどのような人たちが「実行する会」を立ち上げ、いかなる闘いをすることで巻原発を白紙撤回にまで追い込むことができたのか、誰かがその経緯を後世にしっかりと書き遺す必要があるのではないか。彼らは、失意の私に手を差し延べて住民投票運動へと導いてくれた。彼らの闘いの真実の記録を書き遺すべき責任があるとすれば、その始まりから終わりまで常に彼らと共にあって苦楽をともにし、明も暗も「実行する会」住民投票運動のすべてを見届けてきた私以外にないのではないか。そんな思いがふつふつと湧いてきた。

かつて墓場に持っていくと決め、長い間誰にも話さずにきたこともある。しかし、事実を伏せ虚構や虚像でうわべを飾る本なら書くに値すまい。「歴史的事実」も看板倒れだ。直接見聞きし経験した事実はできる限り詳細にありのまま記述するのでなければ執筆の意味はない。事実をありのままに書くことが誰かを傷つけ、あるいは私もその代価を払わされることになるのかもしれないが、「実行する会」住民投票運動の全容を明らかにするというのならそれもやむを得まい。十数年を経てあえて封印を解く。晩節を穢すことにならないか？　詰まるところ自己顕示欲のはけ口ではないのか？　どのような批判も引き受けることにした。

もっとも、私がこれまで住民投票運動を本などのかたちに遺そうと思わなかったのにはもう一つ理由があった。住民投票を終えて多くの人たちに訊かれた。とくに地域の問題と取り組んでいる住民運動の人たちから。

「どうしたら、このような運動が可能になるのか」

私の答えは決まってこうだった。

「打ち出の小槌などありません。巻町での成功は、原発という全町民にとっての重いテーマ、巻町固有の歴史的政治風土、数十年にわたる地道で粘り強い反対運動、反対運動にとっての巻町という自治体の適性規模、そして敵失を含む多くの幸運、偶然が味方してもたらされたもの。別のテーマ他の地域でそのまま使える運動のコツなど一つもありません」

巻の住民投票運動の詳細を紹介したところで他の運動の参考になることは何もない、私はそう考えていた。

しかし２０１１（平成23）年３月11日、東日本大震災に伴い福島原発で大事故が起こり、あれほどの犠牲、未曾有の人的物的被害を経験したというのに、為政者や電力会社は反省のかけらもなく、原発の再稼働を声高に叫び、立地自治体の首長はほぼ例外なく再稼働を歓迎するという信じがたい状況が続いている。20年前の巻の住民投票運動を思いだしてもらうことは、あるいは原発の現状への何らかの問題提起になり、立地自治体の人々に対する注意喚起の一助になることもあるのではないか。他の運動にとって参考にはなるまいという私の考えはともかく、原発を止めた巻町の住民投票運動を知ることで原発に関心を持ち、考えを深めてくれる人がいるかも知れない、原発をかかえる地元の人々に原発再稼働に立ち向かう勇気を与え、何かしら運動のヒントを見つけ出してもらえるかも知れない。もしそうならば、30年以上前からの資料、記録を紐解いて、節目となった出来事を一つひとつ整理する作業も無駄ではあるまい。

本書は、巻町で起きた住民投票運動に客観的な評価を加えることを目的としたものではない。あくまで運動の渦中にいた筆者が直接見聞きし経験した事実と、その事実を踏まえて、そのときどきに考えたこと、感じたことなどをありのままに記したものである。運動には実に多くの人たちがさまざまな立場で関わり、行動した。その受け止め方や評価は人によって千差万別である。本書に記述された内容はもとより、この本の出版それ自体の当否に至るまで、すべては読者の評価に委ねたい。

「はしがき」の終わりにお断りしておきたいことがある。私はもともと作文が苦手なうえ、仕事がら犯罪構成要件やら請求原因事実など骨と皮だけの無味乾燥な文章ばかりを書き続けてきたせいもあるのか、文章にはまるで自信がない。平易簡明達意で味わい深い文章を書いてみたいものだが、私には夢のまた夢である。読者各位には、読みづらさはご容赦いただき、この本の執筆意図を何とか読みとってくださることを願うばかりである。

私の知らない事実も多数あるだろうし、計画発覚から白紙撤回まで数十年にわたる巻原発をめぐる出来事の一つひとつを余すところなく記述することはできない。この闘いの勝利のために力を尽くしてくれた諸団体、個々人について、そのすべてを紹介することも、またできない。記述の中心はあくまで住民投票運動と「実行する会」の活動の顚末となる。巻原発反対運動および住民投票運動については、左記のような既刊本があることを紹介させていただく。

・『ドキュメント巻町に原発が来た』（小林伸雄、朝日新聞社、１９８３年）
・『原発を拒んだ町』（新潟日報報道部、岩波書店、１９９７年）
・『巻原発・住民投票への軌跡』（桑原正史・桑原三恵、七つ森書館、２００３年）
・『住民投票運動とローカルレジーム』（中澤秀雄、ハーベスト社、２００５年）
・『デモクラシー・リフレクション』（伊藤守ほか、リベルタ出版、２００５年）

はしがき……iii

第1章　私の巻原発反対運動史……3

1　私が巻原発反対運動に関わった4つの時期　3
2　第一期——学生として原発反対運動に関わる　6
3　第二期——共有地主会での活動と町長選立候補　9
4　第三期——「住みよい巻町をつくる会」での運動　18

第2章　住民投票運動起こる……33

1　住民投票運動誕生のきっかけとなった94年町長選　33

2 「住みよい巻町をつくる会」との別れ、住民投票運動へ ―41
3 どのような住民投票でなければならないか ―57
4 「実行する会」の立ち上げと町当局、町民の反応 ―60

第3章 自主管理住民投票の成功と意義……65
1 推進派の激しい妨害と不退転の闘い ―65
2 自主管理住民投票の成功とその要因 ―72
3 自主管理住民投票の成功がすべて ―76

第4章 条例に基づく住民投票の実現と投票結果……79
1 佐藤町長の臨時町議会招集と流会 ―79
2 町会議員選勝利と住民投票条例の成立 ―82
3 原発推進派の住民投票条例無効化の策謀 ―87

4　佐藤町長リコールと笹口町長の誕生―88
5　住民投票の実施と結果―93

第5章　その後の運動の停滞……97
1　笹口町政への失望―97
2　坂下志町会議員のリコール―106

第6章　町有地買取りと裁判闘争……109
1　99年4月25日の町議選―109
2　なぜ町有地を買い取るのか―111
3　町有地買取りのために克服すべき法律上の課題―114
4　売買を極秘で行わなければならなかった理由―122
5　推進派の提訴とわれわれの勝利―128
6　2000年町長選挙――笹口再選―135

第7章 最後の危機——岩室村・潟東村との合併話……139
1 寝耳に水の合併話 ―139
2 合併阻止 ―143
第8章 最高裁の上告不受理と東北電力の撤退……153
1 2003年町議選 ―153
2 2004年1月18日町長選に向けて ―154
3 巻原発計画を白紙撤回した東北電力 ―157
おわりに……165
〔資料1〕年表 ―187
〔資料2〕坂下志議員の公開質問に対する「実行する会」の回答書 ―182
〔資料3〕町有地訴訟——訴状(請求の趣旨と請求原因) ―180
〔資料4〕町有地訴訟——答弁書 ―176

もう話そう　私と巻原発住民投票

地図で見る巻原子力発電所の予定地（当時）

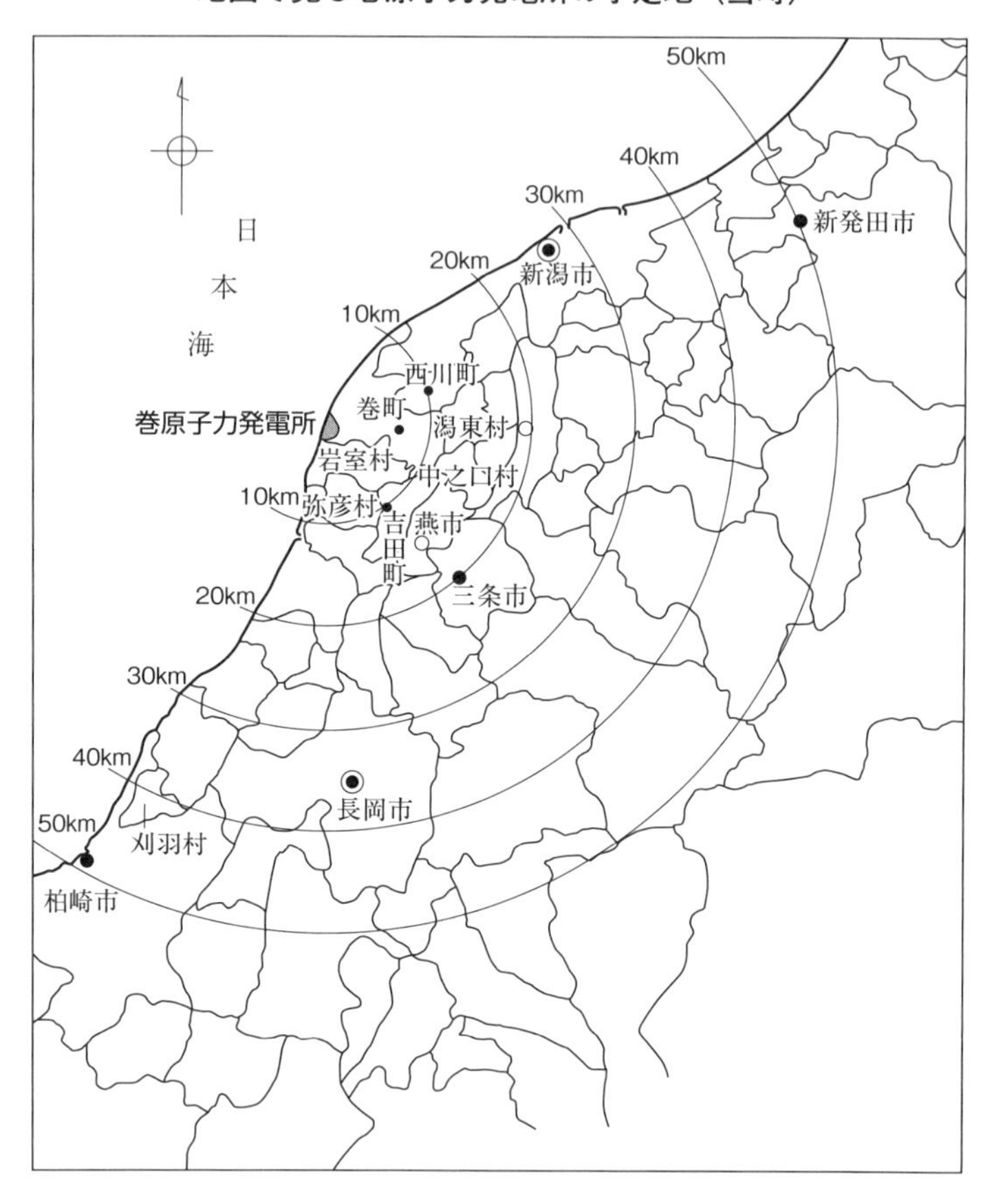

第1章　私の巻原発反対運動史

1　私が巻原発反対運動に関わった4つの時期

巻原発白紙撤回への道のりは34年の長きにわたる。その過程には実に多くの出来事があり、さまざまな闘いが展開されている。ときにはその前後関係を無視して説明しなければならないこともある。記述にかかる出来事の前後が不分明になったときは、巻原発計画の発覚から白紙撤回までの主要な出来事を整理した本書巻末の資料1「年表」によって確かめられたい。

私は、大学4年の時（1970〔昭和45〕年）、巻原発建設計画を初めて知った。大学闘争の終わりの頃であった。大学2年の夏休みが明けて登校すると駒場キャンパスは封鎖されていた。「反帝国主義」「労働者暴力革命」——何やら物騒な立看板が通路を埋め尽くし、よれよれのジーンズにヘルメット、うす汚れたタオルで顔を隠し棍棒を手にした門兵が立っている。無視をきめこみ素通りする大多数の学生たちと伸び放題の髭にうす汚い顔でハンドマイクを握り必死に何かを訴え続ける色とりどりのヘルメット、私の場合は後者のほうに心を動かされたようだ。私は、新左翼学生運動が口にしていた労働者革命云々の議論にはとてもついてはいけなかったが、当時凄惨をきわめていたベトナム戦争や日本の政治社会のあり様、ひいては東大法学部の社会における立ち位置と果たしてきた役割、これを否定的に見るとして国民のためには本来どうあるべきなのか等々について思いをめぐらすようになり、いつしかそうした意見を交わし、議論を重ねるクラス数名の仲間の輪の中にいた。

全共闘運動、おそらくこの経験がなければ、私が国や電力会社の言う原発の必要性やその安全宣伝を頭から疑ってかかるようなことはなかっただろうし、原発の仕組みやその安全性などという苦手な科学技術系の難しい課題について勉強しようと思うこともなかったと思われる。そして、その他原発の持つ多くの問題点に気づくこともなかったであろう。

原発には、事故の危険のほか、微量放射能の環境への日常的な放出、海水温上昇による海の生態系の破壊、労働者被曝、使用済み燃料再処理の困難、不確定な高レベル放射性廃棄物の処理方法、原子爆弾の製造軍事転用の恐れなど、さまざまな問題が指摘されるが、私の場合は、その他の疑問を検討するまでもなく、事故発生の懸念、その入り口で足が止まってしまった。

原発の巨大事故は本当に防げるのか。万が一にも事故が起きれば大量の放射能が施設外に放出され、広範な地域が放射能に汚染されて、人的被害、物的損害とも取り返しのつかない大惨事となってしまう。大量放出が予想される元素セシウム137などは半減期が30年、30年経って放出される放射線がようやく半分、60年経っても4分の1にしか減少しない。詳しくは述べないが、ある本で指摘されていた冷却材喪失事故（炉心から冷却水が失われ、炉心が加熱溶融してしまう事故）や反応度事故（炉心の核分裂反応の制御に失敗し、出力の暴走で、炉心そして施設そのものが吹き飛ぶ事故）という巨大原発事故発生の危険性をどうしても否定できないのである。

複雑かつ巨大な先進技術は、同時にまた、そうであるが故にその制御をも困難にする。大事故の発生を否定できない以上、家族、縁者や友人らが住み、自分も暮らすことになるであろうわが故郷に原発をつくらせるわけにはいかない。そこから私の巻原発反対運動はスタートした。長い反対運動の過程で、アメリカのスリーマイル島原発で冷却材喪失事故[1]が起きて炉心が溶け、ソ連のチェルノブイリ原発で反応度事故が起きて施設が吹き飛び大量に放出された放射能が世界中を汚染した[2]。原発の安全性についての危惧は、「原発は危険」の確信に変わっていく。

私の原発反対運動をその内容の違いで区分すれば、概ね次の4つに分けることができる。第一期は学生時代の2年間であり、その後約6年の空白期間を経て、第二期は私が弁護士資格を得て新潟に帰った1978（昭和53）年3月から町長選挙に出馬した1982（昭和57）年8月までの「巻原発反対共有地主会」とともにあった4年半、第三期は私の町長選出馬を機に選挙母体として誕生した「原発のない住みよい巻町をつくる会」における運動で、町長選から1994（平成6）年8月9日、私が同会を離れるまでの12年間、第四期が同年9月の「巻原発・住民投票を実行する会」の誕生から2004（平成16）年1月町長選挙まで約9年間の住民投票運動となる。

本章では、第一期から第三期までの反対運動の概要を説明する。

2 第一期――学生として原発反対運動に関わる

私の原発反対運動の第一期は大学4、5年の2年間（1970〔昭和45〕年、1971〔昭和46〕年）である。

学生運動をしていた松島信生から声がかかった。巻高校の同学年であったが、在校中の面識はない。在京の主に学生運動に関わりを持つ者たちが巻原発の問題を話し合うために集まった。

私が原発について勉強を始めたのもここからである。勉強会を重ねて問題点が浮き彫りになると、反対運動を始めることで意見の一致をみる。夏休み、冬休みなどに帰省して、ガリ版でチラシを刷り浜手の集落に配布してまわる活動が主な運動形態だった。住民に呼び止められれば家に上げてもらい、話し込んだ。東京の仲間には、同じく巻高校同級の大越英雄、鈴木哲郎、後輩の佐藤信仁、高野雄造、川本千佳子、そして後の私の配偶者となる星野敦子などがいた。

当時の無党派反戦平和運動に触発されたのか、地元にも政党や労働組合等の組織とは別の住民の反対運動も起きていた。遠藤寅雄、長野信博などのグループ「原発研究会」が改称した「巻原発をつくらせない会」である。学生活動家の赤川勝矢もそのなかにいた。

帰省した折は、彼らと連携しての行動となった。チラシを刷り、一日数本しかないバスで浜手に通い、チラシを撒く。

この運動の過程で、原発用地である角海浜の北に隣接する集落五ケ浜に住む熱心な原発反対者阿部五郎治氏から、後の「共有地主会」運動の拠り所となる雑種地約50坪を譲り受けることになる（同氏の説明は海の中かも知れないということだった）。この土地は、1号機炉心予定地から約400メートル北に位置していた。1971（昭和46）年10月の所有権移転登記欄に所有者として遠藤寅雄、佐藤信仁、大越英雄、高野雄造、蓮沼ミヨ子、関則雄、そして私7人の名前がある。後述するように、この土地は原発建設手続きを遅らせるうえで大きな力を発揮することになる。五ケ浜集落では後に区長を中心とする「五ケ浜を守る会」も結成される。

他方、この間の運動で忘れられないこともある。東大原子力研究所水戸巌助教授の協力を得て町内数カ所で講演会を開いたときのこと、浜手や山沿いの集落では数十名の聴衆が集まってくれたものの、人口約3万人のほぼ半数が住む町の中心部では参加者がたった一人だったことだ。当時の巻町民の原発への関心は大方この程度のものであり、この頃われわれの反対運動がたどりついた到達点を示す厳しい現実であった。

全国の原発が人口密集地を避けて建設されていることから、直感的に原発の安全宣伝には胡散臭さを感じるのだが、一般の人々にはなかなかそう映らない。ましてや、この巻町は保守の牙城、町長選挙などでは保守系候補が8割方の票を取る土地柄である。「国や公益企業たる電力会社が住民に大事故の危険のあるような恐ろしい代物を押しつけるはずがない。国が安全と言えばそうなのだろうし、少々の危険があろうが石油がなくなるというのであれば原発も仕方ないではないか」、こういう考え方が抵抗なく受け入れられ、瞬く間に世論の大勢を占めてしまう地域である。とくに「石油が枯渇する→電気がなくなる→だから原発は必要」という宣伝は原発反対運動にとっての大きな障壁として立ちはだかった。「お前さんたち、電気がなくなったらどうするんだね。ろうそくの生活になんてもう戻れないだろ。」

石油枯渇説が役割を終えて以降（当時あと30年でなくなると宣伝された石油はこの先50年は枯渇

の心配はないとされている）は、地球温暖化にとって代わられたが、いつの世でも情報操作はデータを独占する権力者たちの専売特許である。加えて、原発の問題点は専門的で複雑多岐にわたり、これを理解してもらうのは容易なことではない。大事故発生の危険性についても、その巨大さ故の事故発生機序の複雑さと盤石にもみえる安全装置の多重配備などが障害となり、平易な説明は難しくなかなか理解してもらうことができない。時間はいくらあっても足りない。

3　第二期——共有地主会での活動と町長選立候補

6年間のブランクを経て1978（昭和53）年3月、私は新潟に戻り、原発反対運動に復帰する（この間に私は司法試験に合格し、弁護士資格を得ていた）。このときには、すでに前年の12月巻町議会で原発誘致決議がなされていた。そして、私の東京暮らしの間、主として浜手を中心に反対運動を継続してきた人たちの手で、誘致決議に対しても果敢に実力阻止闘争を挑んだ住民組織「巻原発反対共有地主会」（以下「共有地主会」ないし「地主会」）が結成されていた（「共有地」とは、阿部五郎治氏から譲り受けた前出の雑種地50坪のことである）。五ケ浜の北に位置する集落角田浜の白崎修平氏を会長とするこの会には、五ケ浜、角田浜、越前浜など浜手集落の住民が多く会員として参加し、その中心に高校教師になった赤川勝矢、高校教師中村正紀氏、遠藤寅雄、松島信生、佐藤勇蔵、武田又ェ門、山賀一則氏、若杉慎介氏らがいた（後に、小学校の校長を退職した越前浜の水沢壮一氏が副会長として加わる）。

私の運動空白期にも、彼らは海沿いの集落を中心に粘り強く運動を続けていた。私は、その運動の集大成である「共有地主会」に身を置くことになる。「地主会」では、運動方針等を「活動者会議」と呼ばれる主要メンバーの集まりで決め、これを県レベルの反対組織である社会党系の「柏崎・巻原発設置反対県民共闘会議」（以下、「県民共闘会議」）に持ち込み全体の運動に反映させるという運動形態がほぼ定着していた。活動者会議の場は赤川、中村氏の自宅が交互に提供されていた。赤川は長く事務局長を務めた「地主会」の中核的存在であり、中村氏とともに終始「地主会」運動の先頭に立っていた。彼とは、彼が後の「巻原発・住民投票を実行する会」にも参加してくれたことで最後まで行動を共にすることになる。中村氏は、社会党系の地元組織「巻原発設置反対会議」事務局長の役職にある組織の人であったが、思考はいつも柔軟で官僚主義とは無縁であり、重要な局面においてその判断と行動を決して誤ることのない人であった。中村氏には、長い運動の過程で幾度助けてもらったことか。

1978（昭和53）年5月、測量によって土地が海面下ではなく砂浜にあることが確認できたことから（水没していれば、登記官による所有権登記の職権抹消もある）。団結浜茶屋を建設しここを拠点とする活動（浜の整備、里道整備活動、海水浴に角海浜を訪れた人たちに団結小屋を開放する浜茶屋開き等）が「地主会」運動の中心となった。[3]

予定敷地の中心部で「地主会」の活動が継続されていくことが気に障ったのか、浜茶屋の利用について県があからさまな妨害行為に出たことがあった。

この地域は佐渡弥彦国定公園内にあるため、建物は仮設建物の建築しか認められず、その建設も期間の更新も県知事の許可が必要という法律上の制約があった。更新も何回か行った後のこと、県は浜茶屋をいったん取り壊したうえでなければ更新を認めないと言い出した。折しも、所管の県環境衛生部長が東北電力新潟支店長と兄弟というタイミングであった。

部長交渉で、「きれいな浜辺をコンクリートで埋め立ててよし、日常的に微量放射能をまき散らし事故の危険もある原発の建設は許可できて、われわれの小さな浜小屋の存在が自然公園にとっていかなる意味で障害になるというのか。原発建設に邪魔になるというだけだ。小屋を壊すというならあなたが最もふさわしい。更新を拒否できるものならおやりなさい」と「地主会」は居直った。

県は、その後毎年のように内容証明郵便で「無許可建築物」の撤去を要求してきたが、それ以上の行動に出ることはなかった。

１９８１（昭和56）年8月、通産省が原発建設に向けて第一次公開ヒアリング[4]を開催した。

私が「地主会」の活動者会議で自分なりの考え方を述べたのはこのときが初めてであったかも知れない。

「住民からどのような意見が出されようが、原発建設の結論は変わらない、地元の意見聴取とは名ばかりの『聞き捨て』ヒアリングであり、こうした建設手続きを進めるためだけの儀式を決して認めることはできない。運動方針としては、開催それ自体を実力で阻止することが正しいに決まっている。しかし、会場として選ばれた巻町文化会館は町の中心部、人口密集地区のど真ん中にあり、デモコースにあたる周辺の道路は車のすれ違いもやっかいなほど狭い。こうした場所で、かつて柏崎刈羽原発の公開ヒアリングで組まれたような開催阻止実力行動を行うとすれば、機動隊との衝突が避けられず、町内は大混乱に陥るだろう。町民は外出すらできず、人家への被害が発生する恐れもある。そうなれば、町民の批判は、全国からいわば外人部隊を大量動員して機動隊との対決行動をとった反対運動の側に向けられることになってしまう。そうした事態は避けなければならない。闘争形態は整然たる抗議行動にとどめるべきではないか」

私の考えは、「活動者会議」で賛同が得られ、その方針は地元「地主会」の意見として「県民共闘会議」の場でも承認されることになった。

当日の抗議行動は、県外からのヘルメット部隊がジグザグ行進を行い一人の逮捕者が出たものの、約６０００名のデモ行進はほぼ整然と行われて終了した。デモの終了後は「地主会」のメンバーが箒とチリ取りを持ち、デモの全コースを清掃してまわった。数日前から町を埋め尽くした３０００人の機動隊のほうこそが、町が無理やり飲みこまされた町民生活を圧迫する異物、町民から浮いた存在となり、

「巻町に原発はいらない！」「機動隊はこの町から出ていけ！」——町にこだまするシュプレッヒコールが、力ずくの原発推進に対する町民の怒りにピタリと嵌っていた。

電調審の上程認可(5)を経て、東北電力は１９８２（昭和57）年1月、巻原発1号機の設置許可を通産省に申請した。だが、東北電力はここで大きなミスを犯すことになる。「地主会」の土地が任意に取得可能であるかのように事実を偽って申請に及んだのだ。事情は次のとおりである。

原子力発電所の新設には当時2つの法律による許可が必要であった。発電所一般の「電気事業法」と原発に固有の「原子炉等規制法」（正式名称は「核原料物質、核燃料物質及び原子炉の規制等に関する法律」）である。後者は計画の机上審査だけだが、電気事業法の許可には「計画の確実性」という要件があった。そして、その運用として漁業権の買収のほか予定敷地の土地所有権の確保が事業者に求められていた。事業者に発電事業の確実な実現を求めるための立法であったが、他方、発電事業等の公益事業で土地を強制的に取り上げるための土地収用法は、当

該事業が行政庁の許認可にかかる場合、土地収用の前提となる（公益）事業認定の申請書にその許認可があったことを証明する文書の添付を要求していた。条文を素直に解釈するかぎり、電気事業法の許可（書）がなければ土地収用法の適用は不可能であって、「地主会」の土地は任意に買い取る以外にこれを取得する方法はない。すなわち「地主会」が土地を売り渡さないかぎり電気事業法の建設許可は得られず、東北電力は巻原発建設手続を前に進めることはできない法制になっていたのだ。そこで、東北電力は「地主会」の土地も任意に取得可能であると偽って許可申請に及んでいたのである。

「地主会の土地は決して東北電力に売らない。原発の設置許可申請は取り下げさせるか申請を却下すべきだ」という「地主会」の資源エネルギー庁に対する再三にわたる抗議行動により、１９８２（昭和57）年10月の交渉の席上、同庁原子力発電安全審査課長は「もし予定敷地内の土地の取得見通しが間違っているのであれば、現在提出されている申請書での審査の結論は出せない」と「地主会」に回答せざるを得なくなった。そして、翌１９８３（昭和58）年9月、おそらくは行政指導によるものであろうが、遂に東北電力は国に安全審査の中断を申し入れざるを得ないところに追い込まれる。その状態は１９９４（平成6）年まで10年以上も続くことになる。

この自縄自縛状態を打開するために国、電力が考え出した苦肉の策が、「地主会」の土地を

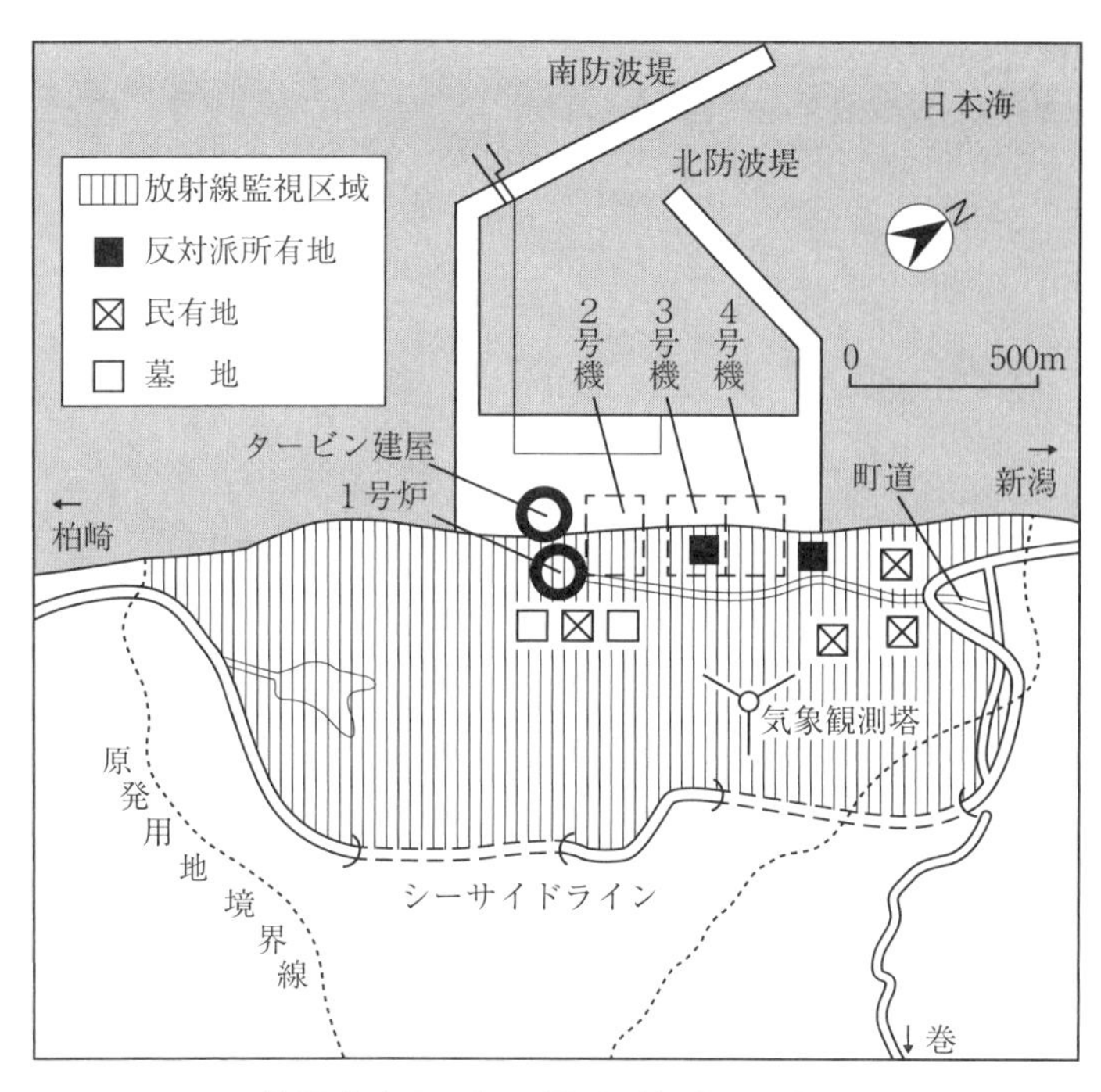

図1　巻原発計画図と反対派所有地・民有地・墓地

原発予定敷地から除外することであった（原発予定地と「共有地主会」の土地の位置関係は図1を参照のこと）。1週間後に町長選を控えた1994（平成6）年7月30日、『新潟日報』に「反対派所有地を除外　巻原発で東北電力が方針」の記事が載る。原発の安全宣伝の謳い文句の一つだったはずの「広い敷地の確保」は、建設に不都合という理由でかくも簡単に捨て去られるのである（その位置関係から「地主会」の土地を取得しないかぎり、2、3、4号機の建設は不可能であるが、1号機を建設してしまえば、その後何とでもなるということだったのだろう。なお、1995〔平成7〕年に電気事業法は「許可制」から「届け出制」に改正され、土地収用法適用の道が開かれている。第6章の注(11)参照)。

話を戻すと、原発設置許可申請がなされた1982(昭和57)年の8月には町長選挙が行われた。積極推進の現職高野幹二と慎重推進の長谷川要一が立候補していたが、私も立つことになった。4年前には組織内候補で町長選挙を闘った社会党巻支部は「敗北必至の選挙に公党として候補は出せない」とマスコミに向けて堂々と宣言する。ならば、町民を巻き込んで行われた昨年の公開ヒアリング闘争はいったい何だったのか? 反対闘争もただのセレモニーか?「子供や孫たちの命と健康を守らなければ」は口先だけだったのか? 今回の町長選挙に候補者を立てず、これを見送ってしまえば、明日から「原発は危険」の訴えなど町民に聞いてもらえなくなる。

そんな危機感を抱いていたところに、柏崎刈羽原発設置許可取消訴訟をともにする近藤正道弁護士が事務所を訪ねてきた。

「あんたがやるしかないだろう」

私が「地主会」メンバーの中で格別強固な原発反対の意思を持っていたというわけではないが、まわりを見渡せば、仲間たちはみな公務員か、会社勤めの人ばかりだ。「やれる人」「やってくれと頼める人」は見当たらない。私なら、法律事務所を3カ月間も閉めれば、選挙戦を闘うことができる。そして、また明日からの原発反対運動を続けていける。

こんなことを書くと、「勝つ気はなかったのか」と叱られそうだが、それが現実だ。これは明日へ闘いを繋ぐために必要で、そこに意味がある闘いだった。

6年間のブランクのあと巻町の反対運動に復帰してまだ4年、みんな私が候補者で闘えるのだろうかという不安はあったが、どこかで根回しがすんでいたのか、みんなが私と同じ思いでいたのか、活動者会議では異論なく了承され、選挙体制もすんなりと整った。

今回の選挙は、組織を当てにできない選挙である。選挙資金は一人数万円を拠出して確保することに決まった。県弁護士会の有志からもカンパが寄せられた。私自身は、前年に独立して法律事務所を設立したばかり、この年の5月には母が56歳で死去し、告示直前に祖母も死去するという大変な環境にあったが、みんなに支えられ、立会演説会などで原発阻止へ向けた思いの丈を町民に訴えることができた。社会党、社会党系労組は当然のことながら私を支持することはなかった。というより、むしろ妨害のほうが目についた。ただ、組織はともかく個人的に応援してくれた人はたくさんいた。もちろん中村正紀氏もその一人であった。選挙運動を終えた投票日前日の夜には、達成感からかみんなで肩を叩きあい抱きあって泣いた。運動で流した最初の涙だったか。

選挙は、原発慎重推進を掲げた長谷川要一が現職を破って当選した。長谷川要一8298票、高野幹二8256票、高島2358票。この頃の原発に関する町民意識を反映した数字であるが、これでまた明日からの訴えに町民は耳を傾けてくれるだろう。私にはそう思えた。この闘いが翌年9月の前記東北電力の安全審査中断申し入れに影響したとも思いたいが、そこは定かではない。

4　第三期――「住みよい巻町をつくる会」での運動

町長選を戦ったことは、図らずもその後の原発反対運動を大きく変えていくことになった。というのも、この選挙の母体として結成された「原発のない住みよい巻町をつくる会」（以下「住みよい巻町をつくる会」）が解散せず、以後の運動を牽引していくことになったからである。また、私にとっては、桑原正史氏（私の母校である巻高校の2年先輩の高校教師）との出会いがあった。私は「地主会」の中にあって、その運動の有り様にある種の違和感を抱いていた。「地主会」は、資金力も動員力も巨大だが、そうであるが故に底が浅く運動も上滑りになりがちな「県民共闘会議」に飲み込まれることなく、それと適度の距離を保ちながら、地元に根差した原発反対運動を目指すことを目的に結成されたものと聞いていた。４年間の活動を通じて、「地主会」がそうした運動づくりに成功していることは、私にもよく理解ができた。団結小屋を中心とした浜の整備、里道整備活動、夏に海水浴客に団結小屋を開放する浜茶屋開き等の運動は、「県民共闘会議」から人も資金も巧みに引き出しながら常に「地主会」が中心となって展開されていた。

しかし、私には満足できないところがあった。活動者会議のメンバーには労働組合の政治組織に属する人が多いこともあってか、会議では、「地主会」の方針をいかにして「県民共闘会議」の場に持ち込み、これをどのように全体の運動として承認させるかといった技術的な事柄が主たる議題になることが多かった。さながら、運動のヘゲモニーを確保するための政治戦略会議の様相を呈し、原発問題への町民の関心と理解をいかに広げ、深めていくのかという視点が弱いように思われた。これでは普通の人は参加しにくいし、一般町民への反対運動の浸透も難しいのではないか。「地主会」の運動は一般町民には近寄りがたいものに見えていたかもしれない。

本章２「第一期――学生として原発反対運動に関わる」で述べたとおり、原発問題を町民に理解してもらうのは容易なことではない。町民に理解を深めてもらうには、チラシ配布や講演会、学習会の開催など地道な宣伝活動の反復継続が何より重要な運動となる。そして、町民に耳を傾けてもらえるかどうかは、運動主体がどのような人たちであるかということも大事なポイントである。原発反対が当たり前と受け取られるような政党、労働組合などではなく、原発問題を深く理解し原発反対を自身の最優先課題として取り組む地元に根を下ろした個々人、その集合体が運動の中心になければならない。巻町に住み原発に対する危機意識をもってかたときも休むことなく訴え続ける人たちの存在を知ることで、初めて町民は原発に目を向け、その訴えかけに耳を貸してくれるのである。

政党や労働組合は原発推進イベント等に対して数百人数千人規模の大反対集会をもって応えるものの、その翌日には誰もいなくなり、次のイベントがあるまで格別の運動が組まれることはない。集まる人たちもほとんどが動員で、集会ごとに人が入れ替わる。参加者にとっても「原発の危険」はしょせんその程度のもので、原発反対は人に代わってやってもらえばいい運動としか受け止められない。原発推進勢力から、革新系集団の「反対のための反対」運動と言われて反論もできない。このような運動をいくら繰り返そうが、原発の危険性、原発阻止の訴えの真剣さ、本気度が町民に伝わるはずはない。

「地主会」の運動もこうした運動の枠組みからもう一つ抜け切れていないように、私には感じられていた。地道に持続可能な運動をやるためには、もちろん運動資金も自前で調達することが必要である。

私の町長選の選挙母体として生まれた「住みよい巻町をつくる会」には、今述べたような私が「原発反対運動、かくあれば」と思っていたことのほとんどが備わっていくことになる。それまで知らなかった多くの人たちが選挙を手伝ってくれ、選挙後もそのまま会に残った。運動を継続することが確認され、その後も「住みよい巻町をつくる会」の名でさまざまな運動が展開されていく。選挙のいきがかり上、私が代表となったが、桑原氏が事務局長を引き受けてくれたことが大きい。桑原氏と私の運動観はほぼ完全に一致していたからである。

その後の12年間、私は、「住みよい巻町をつくる会」の約30名の仲間たちと共に、私にとってはほぼ理想的ともいえる原発反対運動を思う存分やることができた。月1回の会議の定例化、月額会費制、資金稼ぎの稲藁上げ（稲刈りの後、田で稲藁を自然乾燥させ、これを集めて業者に買い取ってもらう。数町歩の田の稲藁の量は半端でなく重労働であったが、当時はみな若かった）、送迎バスをチャーターして毎年実施した新緑と紅葉の季節2回の角海峠ハイキング、浜での昼食に用意された豚汁、鳴き砂[(6)]をテーマにした集会、原発講演会の開催、そして町全域へのステッカーの張り出しと『町民新聞』の発行などであった。

なかでも、私が最も重要と考えたのは『町民新聞』の継続的な発行である。月にほぼ1回のペースでB４判裏表の『町民新聞』を巻町全戸に新聞折り込みで届ける活動を12年間休みなく続けることができた。とくに、東北電力の安全審査中断の申し入れによって原発建設へ向けた目に見える動きがなくなると、イベント対応型の大組織の反対運動はそれに合わせるようにぴたりとやんでしまうのだが、その静かな10年間こそが重要であった。決して終わったわけではない原発への町民の注意を絶やさせず、いかにして問題意識を持ち続けてもらえるか、それができるかどうかが、原発が息を吹き返したときの勝負の分かれ目である。世界、日本の原発事故はもちろん安全性、経済性、石油事情、再処理核燃料サイクルの困難、放射性廃棄物処理問題、労働者被曝など、原発に関連するありとあらゆる情報を記事にして町民に届け続けた。新聞の記事の執筆は桑原正史氏を中心に数名の者が担当し、編集は佐藤勇蔵氏、武田又ェ門氏が主に担当した。そのときどきの原発に関する話題をネタにしたユーモアたっぷり機知に富んだ佐藤氏の4コマ漫画は町民に好評を博していた。私の担当は、主に印刷と新聞店への持ち込みだ。毎月2晩は桑原氏、赤川勝矢、伊東伸夫氏らとペアを組んで私の自宅の書斎に置いた印刷機で印刷作業。9000枚裏表の印刷はどうしても2日がかり、翌朝、新潟日報、朝日、毎日、読売各新聞の販売店に持ち込んだ。紙代、インク代、新聞折り込み料、しめて1回約5万円、会員の月会費、カンパおよびその他の収入で賄うことができた。百号合わせれば500万円にもなるが、この程度であれば市民運動レベルでも捻出可能な金額であった。

私が巻原発反対運動勝利の要因を聞かれ、よく口にしたことに「市民運動にとっての巻町の適性規模」がある。人口約3万人、戸数約8000戸の巻町の、この規模にして初めて「住みよい巻町をつくる会」のこのような活動も可能になったのだ。

もし、原発敷地が巻町に接していても、これが人口50万人の新潟市の話だとしたら、全市民に新聞折り込みで情報を伝えるような運動はまず不可能である。1回たりともできないだろう。われわれの主張を市民に伝える手段はおのずから限られ、宣伝活動は集会を開くか、ごく限られた範囲でチラシを撒く程度になってしまう。

もとより、原発はその危険性の巨大さから、ひとり巻町の問題ではないし、反対運動も巻町の範囲に限られていいなどと考えるものでは決してないが、自治体としては巻町だけの問題であり、この範囲で決着をつけることができたことは幸運であった。そのことが、その規模の小ささ故に可能となった『町民新聞』などの宣伝活動を通じて、町民の意識変革に成功し、最終的に原発を撤退に追い込む大きな要因となった、と私は考えているのである。後に述べるが、住民手づくりの住民投票運動を可能にしたのも、巻町のこの規模によるところが大きい。

構成メンバーがほとんど重複していながら運動のスタイルが違うことから、一時期「住みよい巻町をつくる会」と「地主会」との間に確執も生まれたが、お互いがその特徴を活かして運動の棲み分けをすることで、協力し合いながらそれぞれの運動を継続することができた。

12年間休むことなく続けられたこの宣伝活動こそが、原発の休眠期間中も町民の原発への関心を繋ぎとめ、原発への問題意識を涵養するうえで大きな影響力を持ったものと私は信じている。

町民の意識の変化は徐々に現れ、町長選では、慎重推進を掲げて当選するや決まって積極推進に転じる現職に、票目当てで原発慎重推進を掲げる対立候補が立って勝利するという構図が繰り返されていくことになる。

１９８２（昭和57）年の町長選で、原発慎重推進を標榜して当選した長谷川要一は時を置かずして積極推進に転じ、１９８６（昭和61）年8月の町長選では、慎重推進を掲げて挑戦した佐藤莞爾に敗れる。１９９０（平成2）年8月の町長選で長谷川要一は再度佐藤町長に挑むが、その選挙公約は何と「原発凍結」であった。それに対し、決断までに時間は要したが佐藤町長は「私も凍結」で応じることになる。佐藤陣営の情勢分析でも原発推進では勝てないと判断せざるを得なかったということである。

原発に関する巻町民の意識が大きく変化していることは明らかであった。そして、この町民全体に広がる意識の変化が、ひいては「住民投票を自分たちでできないものか」と考える人たちを生み、住民投票運動という町民総がかりの運動に結実していくことになるのである。

原発建設手続きにこれという進展はなかった時期であったとはいえ、10年もの歳月である。新聞スクラップ、私の活動メモ帳などを見返せば、「そんなこともあったな」という出来事がいくつも目につく。

1982（昭和57）年8月、慎重推進で町長に当選したはずの長谷川要一は、翌年には原発予定敷地内にある町有地の一部を東北電力に売却し、五ケ浜集落の敷地内共有地の東北電力への売却を斡旋し、寺が町に対し裁判で所有権を主張する墓地跡地「町有地」[7]についても、寺と町、東北電力三者の売却斡旋交渉に乗り出していた。欲の皮がはち切れそうな連中の集まりのこと、1985（昭和60）年2月、幸いにも交渉は決裂する。「斡旋案を東北電力が拒否9億5000万円払えぬ」の新聞記事がある（これが2筆計356坪の墓地跡地の値段である！）。

また、東北電力は巻町に繰り返し巨額の寄付をしてきたが、1983（昭和58）年6月にも原発協力金8億円を町に支払っている。この事実は、3カ月後の安全審査の中断申し入れが決して東北電力の意思によるものではなかったことを物語っている。

そして、東北電力は安全審査の中断を申し入れた直後の1983（昭和58）年11月、早くも敷地見直し案を発表してもいた。「東北電力が敷地計画見直しの内容を公表」「放射線周辺監視区域から反対派用地は除外」「早期着工へ暫定措置」「増設の際は元の計画で」「ご都合主義の批判も」の新聞記事がある。すぐに実行できなかったのは、係争中の墓地跡地「町有地」、未買収民有地の存在が障害になったのか、あるいはこの時点では敷地見直し案に国の承認が得られなかったのか。

もう一つ、ときに私が思い出すことがある。1989（平成元）年7月5日のことだ。東京の不動産業者を名乗るS氏が新潟市にある私の法律事務所を訪ねてきた。用向きは、「地主会」の土地が本当に買収不能なのかどうかを確かめるためだという。50歳前後で恰幅がよく高級スーツ、派手なネクタイが似合う人物で、私の場合は少し身がまえてしまう外見だが、彼の話は隠し立てのない率直明快なもので、帰った後にはむしろ好印象が残った。

「原発敷地の中心部に土地を持つ地元不動産業者のWから土地の買取りを持ちかけられている。『東北電力は買ってくれないし、自分が前に別の場所を売った多くの買主から土地の買い戻しを迫られて困っている。これ以上はもたない。買い取ってもらえないか』と泣きついてきた[8]。『しかし、Wの言い値は安くなく、うっかりは乗れない』『そこで、東北電力の関係者などにいろいろ当たってみたが、どうやら『地主会』の土地を買い取れないことが原発を前に進められない最大の障害になっているらしいことがわかった。それならまた、『地主会』の土地の始末さえつけば原発はできるし、この取引は大きな商いにもなるということだ』『いかに原発に反対だからといって、買い取れない土地があるとは自分には信じられない。金さえ積めば土地は買えるものだ。そこがどうなのかを直接確かめたくて来た」

私は、包み隠しのない彼の率直な質問に答えて、土地譲り受けの経緯と誰に対しても決して売り渡すことのない理由を直截にかつ丁寧に説明した。

「この土地が原発を止めるのに役立つのであればと、五ケ浜の阿部五郎治氏は学生風情のわれわれを信頼して土地を譲ってくれた」「今は亡き五郎治氏との約束を裏切るわけにはいかない。もともと自分たちの土地とは思っていない。力で取り上げられるのは致し方ないとして、われわれからは百億円積まれようが売ることはない。地主会のみんなが同じ考えでいる」

彼は信じられないという表情を浮かべながら、真意は違うのではないか、その真意を探すかのようにしばらく私の目の奥を覗くような視線を注いでいたが、そのあとで彼は質問一つせず、きっぱりと言った。

「よくわかりました。今日のお話を前提にどうするか考えることにします」

真面目で律義な性格なのだろう。その数日後、彼はわざわざ自分の出した結論を電話で私に伝えてきた。

「買わないことにしました」

予備知識も仕入れていたのか、彼は初見の私の説明で「地主会」の仲間たちの不動の覚悟を理解してくれたことになる。後述するように、彼は結局儲け損ねたことにはなるのだが（次章36頁参照）、原発が金のなる木にしか見えない連中を嫌というほど見てきた私には一服の清涼剤のような出来事であった。

顧みて、巻原発反対運動について私が考えてきたことは、概ね次のようであった。

前述したように、原発推進が当たり前のような巻町の政治状況である。原発反対の町長を実現できるとは思えないし、地縁血縁が最優先し保守系議員が8割方を占める巻町議会で原発反対勢力が多数を占めることも想像すらできないことだった。われわれの力量で状況を動かし、変えることができるとすれば、それは唯一町民の原発に関する意識である。とにもかくにも、町民に一時たりとも原発の問題を失念させることなく、その危険性その他諸問題を訴え続けること、それ以外にわれわれにできることはない。そして、もしも原発の持つ多くの問題点を理解し原発をつくらせてはならないと考える人たちが町民の中で多数を占める、そうした状況をつくりだせるなら、そのとき、そこに何かが起きるかも知れない。それが何であるかはわからないし、多くの闘いがそうであるように、結局は何も起こらず敗北に終わるのかも知れない。

そして、私が「住みよい巻町をつくる会」を離れて先の展望を何も描けないでいたとき、「住民投票を自分たちでできないのか？」と尋ねる人たちがいた。その「何か」が起きる始まりであった！

注

（1）1979（昭和54）年3月に米国スリーマイル島原発で起きた、炉心の冷却に失敗し炉心の半分ほどが溶融してしまった（メルトダウン）事故である。2011（平成23）年3月福島原発の事故の後も、その事故原因において私がより重大な炉心溶融事故と考えているものである。その理由は、福島は巨大地震巨大津波による全電源喪失という稀有な原因によるものであったのに対し、スリーマイル島原発の場合は、事故の発端がたった1個の蒸気逃し弁の故障だったことである。この程度の機器の不具合からも深刻な炉心溶融事故に発展することが示されたのであり、原発の危険性を考えるうえで決して忘れてはならない事故なのである。

(2) 1986(昭和61)年4月、旧ソ連のチェルブイリ原発で起きた反応度事故。原発の運転を完全停止するまでの間の発電能力を確かめるテストの最中に起きた。低出力状態で原因不明の出力上昇が観測されたことから、運転員は核分裂反応を完全に停止するため緊急停止ボタン(AZ-5ボタン、全制御棒挿入)を押した。これが出力の暴走を引き起こし、原子炉も建屋も爆発して吹き飛んだ。後に、その限られた条件下での全制御棒の挿入は逆に異常な出力上昇を招いてしまうことが明らかにされる。事故とはこうしたものであろう。起きてみて初めて気づかされることも多い。神ならぬ人間である運転員に、常に万全の注意力を働かせるよう要求するのは無理であり、機械も故障することがあると考えるのがむしろ常識であり、またひとたび事故が起きれば、机上で想定したシナリオ通りに進む保証はまったくない。

ウラン235を100%に濃縮してすべてを瞬間的に反応させるのが原子爆弾であり、数%に濃縮したウラン235(残りは核分裂はしないウラン238)を燃料に使い、たとえば100個の核分裂が次の核分裂も100個にとどまるように制御棒等で連鎖反応を制御して一定の出力(100個分の核分裂による出力)を維持して運転するのが原子力発電である。その制御に失敗して出力暴走大爆発に至ったのがチェルノブイリの原発事故である(わかりやすくいうと、100個の核分裂の次が300個の核分裂、その次が900個の核分裂になって反応が増大していくこと。その3倍3倍の連鎖反応が1秒間に50段階も進む)。

（3）明治時代に道路は国道、県道、里道に3区分され、後に重要な里道は市町村道に指定されたが、多くの里道が里道のまま残された。国有地で公図上赤く着色することとされたので「赤道」ともいう。廃村となった角海浜にも利用されなくなった図面上だけの多くの里道があり、「地主会」の共有地も里道に接していた。敷地内の里道を不断に整備し、利用可能な状態に維持管理していくことも「地主会」の重要な運動の一つであった。

（4）原子力の利用に関し国民の理解と信頼を深め、国民との十分な意思疎通を図るためと称して、通産省（当時）が設けた催し。1979（昭和54）年1月省議決定「原子力発電所の立地にかかる公開ヒアリングの実施について」「原子力発電所の立地にかかる公開ヒアリングの実施要綱」にその詳細が定められている。

（5）電調審とは、総理府に設けられた内閣総理大臣をトップとする電源開発調整審議会の略で、国の電源開発基本計画の策定など国の電源開発計画を調査審議するための機関である。巻原発は1985（昭和60）年着工、1990（平成2）年2月完成予定として国の電源開発基本計画に組み込まれた。

（6）「鳴き砂」とは、石英を多く含む砂が圧力を加えると砂層の摩擦でキュッキュッと音が出る（鳴く）現象やその砂のこと。角海浜出身の女性から「角海浜の砂も歩くと鳴いていた」という話を聞いた同志社大学の三輪教授を通じてわれわれも知ることとなった。世界に何カ所もあり、日本でも島根県琴ケ浜が有名である。角海浜の砂も同教授の製造した洗浄装置で汚れを落とすとみごとに鳴いた。武田又衛ェ門氏らは今も全国の仲間との交流を続けている。

（7）角海浜に墓地跡地は2カ所あった。いずれも角海浜村から浦浜村そして巻町への合併で巻町の所有地として登記されていたが、かつて角海浜にあった2つの寺がそれぞれに所有権を主張して町を相手に提訴していた（旧角海浜住民の一部の者も所有権を主張し裁判に参加）。いずれも1号機の炉心予定地のわずか100メートルの至近距離にあり、「地主会」の共有地同様、この土地も任意に取得しなければ原発の建設は不可能である。東北電力への転売目的が誰の目にも明らかな寺の裁判であり、1987（昭和62）年10月東京高裁判決で町の所有と確定したとき、東北電力は適正価格での買取りが可能になったと安堵したに違いないのだが、この町有地の存在が後の住民投票運動成功の重要な鍵となる。「住民投票を実行する会」メンバーが町から買い受けることになるのは、2筆の墓地跡地のうちの1号機炉心予定地に近いほうの「巻町大字角海浜沙山5番　雑種地743平方メートル（約225坪）」である。

（8）Wの土地とは、Wが電力への転売目的で早い頃に買っていた1号機炉心予定地の近くにある土地数百坪のことである。長い間原発に進展が見えないことで追いつめられた末のWの行動であったと思われる。

第2章 住民投票運動起こる

1 住民投票運動誕生のきっかけとなった94年町長選

住民投票運動の誕生は、1994（平成6）年8月の町長選を抜きにしては語れない。長い原発休眠期の終わりを告げる「世界一安全で、世界に冠たる原発をつくる」という佐藤莞爾町長の三選出馬宣言で、巻町民はいよいよ原発建設容認か、否かの正念場を迎えた。「原発をつくらせてはいけない」と考える多くの町民の思いが噴出して、奔流となり、佐藤町長三選阻止の一点に向かって、ぶつかり合い、もつれ合う選挙戦が展開されることとなった。

（表１つづき）

ほんの一握りの人たちです。仮に建設の可否をめぐって私たちが訴え続けてきた住民投票が公正に行われるならば、巻町民は必ずこの原発の建設を拒否します。こうした町民世論が背景にあればこそ、前回の町長選で、保守二候補がともに原発政策を凍結し、町有地は売らないことを公約せざるを得なくなったのです。

これから８月の町長選に向けて、原発に反対する町民の声を町の隅々から掘り起こし、これを様々な形で顕在化させて、候補者が原発建設の是非を再び巻町長選の主要争点として取り上げざるを得ない状況を生みださなければなりません。そして、そのことによって、「原発などいらない」この町民大多数の意思を正しく町政に反映させなければなりません。それができるかどうか、私たちのこれまでの運動が試されます。巻原発反対運動もひとつの正念場を迎えています。

もちろん、巻原発は一人巻町民の問題ではありません。一度事故あれば、安全な場所などどこにもありません。巻原発の建設を許してよいのかどうか、原発に反対する全ての人たちに、今その行動が問われています。出来ること、どんなことでも構いません。原発反対の意思を表しこれを隣人に伝えることから、その一歩を今日踏み出しましょう。まだ間に合うのですから。

原発のない住みよい巻町をつくる会　高島民雄

そして、この選挙ではみんな敗れる。佐藤町長は三選を果たした。しかし、各候補の得票数を見れば、佐藤三選は決して町民の原発建設容認を示すものではなかった。多くの町民の思いが町長選挙での対立を超えて人々を結集融合させ、住民投票運動を生み出し、大きく成長させていくことになる。

私が、この年の4月、新潟市のある市民団体に頼まれて寄稿した文章がある（表1）。そこには、この町

表1　94年町長選を前にした私の寄稿文

巻原発に動き

巻原発に最近動きがあります。去る3月8日、佐藤町長は、議会答弁で、8月の町長選出馬を表明し、その際は原発政策の凍結を解除し、原発推進に立場を転換することを明らかにしました。ここ数年、原発推進組織の一本化や町議会で原発推進決議がなされるなど、推進の動きが強められてきていました。今回の発表は、東北電力、一部推進派のこうした一連の圧力に町長が屈服したことを意味します。

しかし、大方の巻町民は、もはや原発の建設など望んでいません。深刻な事故が跡を絶ちませんし、チェルノブイリ原発事故以降、世界は明らかに原子力発電から撤退を始めています。この間、町民の意識も確実に変わってきました。佐藤町長の推進表明に対しても、その直後から、非難と翻意を求める声が上がり徐々に広がりを見せています。

ところで、巻の場合、炉心予定地のすぐ傍に、町有地（墓地）約300坪が売られずに残っているのですが、この町有地が巻原発の建設を左右する決定的に重要な意味を持っています。電気事業法という法律の制約のため、この町有地を取得できなければ、東北電力は巻原発を絶対に作ることができないのです。町有地は、もちろん町民みんなの土地です。町民の意思、その力で町有地を電力に売却させない、そのことで、私たちは巻原発を確実に止めることが出来るわけです。

原発推進に奔走しているのは、原発工事などからの特需を当てにした

長選に臨む当時の私の考え方がよく表されているので、参照いただきたい。

町長選には佐藤町長に対抗して町議の村松治夫が出馬を表明した。そして、追って相坂功氏が原発反対で立候補を表明する。原発の利権目当てで、勝てばよしの村松は、従来の選挙立候補者が用いた常套句「原発は住民の意思を尊重して決める」を使って、慎重推進をアピールしていた。彼の町民からの信頼度は今一つで、私も彼の過去の振る

舞いなどから軽々に信用できる人物でないことはよく承知をしていた。

しかし、この町長選を前にして、原発建設の準備はほとんど整っていると考えざるを得ない多くの事実があった。原発推進2団体（「巻原子力発電推進協議会」「巻エネルギー町民懇談会」）は「原子力懇談会」に一本化されてかつての競合関係は解消されていたし、佐藤町長は裁判で町有地と確定した旧墓地（前章注（7）参照）について東北電力に売却する前提となる墓地改装手続き（埋葬骨、墓石などの移転）を終えていた。また、東北電力の未買収民有地買取りの動きを示すかのように、予定敷地内のわずか数坪の面積の未買収地をめぐって某大物総会屋が買収に動き出しているといった情報が入り、私が登記所で調べたところ、債権額2000万円もの抵当権が設定された敷地境界付近のわずか2坪の土地が売買され、所有権移転登記がなされていることをこの目で確認できた。1992（平成4）年のことである。原発建設計画が露見して以来、金目当ての不動産業者が敷地内に残った土地を買い漁りこれを数坪に小分けして売りさばき、これら土地の転売が繰り返されてきていた。さらに、前述した東京の不動産業者S氏に買い取りを泣きついた地元の不動産業者Wの所有地数百坪を東北電力が代金6億円で買い取ったという情報も私のもとに匿名の電話で寄せられていた。

「Wの土地が6億数千万円で明日調印されるが知っているか」「あれではゴネ得だ。町民に知らせて叩くべきだ」「登記がすぐにされるかどうかはわからんがね」

電話の主は以前にも何回かこのことで電話をしてきていた人物で、儲け損ねた悔しさで歯噛みしている同業者なのだろうが、私にとっては原発の動きを知るうえで貴重な情報だった。

登記所に何回も足を運んだ末に、私はこの土地が１９９２（平成４）年８月東北電力に所有権移転登記されたことを確認した（なお、この法外な売買代金６億円が事実であったことも、つい最近秘匿を条件に提供された具体的資料で確認されることとなった。税金にも類する電気料金なのに、事業を独占し笊のような株主総会のチェックしかない電力会社の金の使い方はあまりにもいい加減で野放図だ）。原発建設資材等の運搬用道路と言われた関越道巻潟東インターから五福トンネルを通って浜手に抜ける県道の国道昇格と拡幅工事の早期着工を求めて、東北電力が県に50億円の寄付を申し出た（県はこれを拒否）という情報もあった。「共有地主会」の土地は、これを予定敷地から除外することで電気事業法の許可も得られる。

前記（前章15頁）のとおり、町長選告示間近の１９９４（平成６）年７月30日の『新潟日報』に「反対派所有地を除外　巻原発で東北電力が方針」「計画見直し建設急ぐ　安全審査再開申し入れへ」の記事が載る。原発建設の障害はほとんどすべて取り払われていたのである。

この選挙に負ければ間違いなく原発がつくられる。どうしても佐藤町長を当選させるわけにはいかない選挙となった。

私の義兄であり、町の小売酒屋を経営していた田畑護人が村松支持を持ちかけてきた。田畑は、村松陣営の中心人物と懇意であった。

「村松に必ず住民投票の実施を公約させる」「その村松を当選させて時間を稼ぐしかあるまい」田畑は後の「住民投票を実行する会」による住民投票運動において重要な役割を果たすことになる人物である。交友関係は私とは違って桁違いに広く、商いでも町の保守系2派との間に広範な人脈があった。豪胆、豪放磊落な性格でありながら細やかな心遣いを併せ持ち、人の気を逸らすことがない。後に、原発に関する考え方もさまざま、職業、年齢も異なる人たちの大集団「住民投票を実行する会」のまとめ役としてなくてはならない中心的存在となっていく。12年前の私の町長選挙ではもちろん応援してくれたが、これまでに原発に関してこれほど明確な彼の考えを聞いたことはなかった。

私も彼に言われるまでもなく意見は同じだった。候補の信用云々の問題ではない。ここは何としても村松に住民投票を約束させて当選させ、その公約で彼の行動を縛る、それ以外にとるべき道はないだろう。選挙公約である以上、そう簡単に反故にできるものではない。かなりの時間は稼げるはずだ。私は、原発反対の声が町民の間に確実に広がりを見せ、多数を占める勢いにあるとは思いながらも、町長選には他の要素も大きく作用するが故に、その広がりが原発反対の訴えだけで町長選挙に勝てるところにまで達しているとは、どうしても考えることができなかった。

ここで堅い原発反対票が何票あるのかを確認することに意味はない。先のことはともかく、佐藤町長を落とすこと、村松に住民投票を約束させて当選させること、これが私のこの選挙での唯一の選択肢となった。

私は、町長選立候補の意思を固め、協力要請に訪れた相坂氏に対して、自分の考えを説明し、「村松に住民投票の実施を約束させる、時間がほしい、それまで立候補の表明は待ってほしい」と頭を下げた。相坂氏は、私が12年前の町長選に立候補したとき、見ず知らずの私に選挙事務所を無償で貸与してくれた人物と縁のある人で、あのときの私のように立ち上がってくれた相坂氏へこのような要請をするのは心底辛かったが、相坂氏は聞き入れてくれ、しばらく立候補の表明を待ってくれた。

しかし、原発の利権確保にフリーハンドでいたい村松は「住民の意思を尊重する」という言い方から一歩も前に踏み出すことなく、住民投票の実施を約束しようとしない。時間もなくなり、これ以上相坂氏の立候補起意表明を待ってもらうことはできないところまできた。私は、相坂氏に出馬表明を待ってくれたことに対する礼を述べたうえで、私は最後まで村松に住民投票の約束をさせることを追求してみることを告げ、選挙の支援はできないことを詫びた。

私の考え方と町長選挙に臨む姿勢はこのようであったが、「住みよい巻町をつくる会」の意見はまったくまとまらなかった。桑原正史氏が私の意見に断固反対なのである。『町民新聞』

に住民投票の記事を書きたいという私の希望も退けられた。人物評からの村松不支持だけならわかるが、私が理解できなかったのは、桑原氏が、相坂陣営の集会に私が顔を出すことにさえ反対する電話をしてきたことであった。私は、前記した相坂氏との因縁から、会場での挨拶は断ったが、集会に顔を出すことは了承していた。村松はダメ、相坂もダメ、何もするなということは、桑原氏は佐藤町長でいいという考えなのか、疑念が湧く。会議で意見はまとまらないため、会としては何もできず、会の代表である以上、私が勝手に動くことも許されない。田畑から選挙情勢を聞く程度で、じりじりしながら時間だけが流れていった。

そんななか、村松本人は最後まで住民投票実施の約束をしなかったのだが、同陣営の内部では、選挙に勝つための単なる方便としてではなく、原発の是非を問う住民投票をやったらいいのではないかという議論が真剣に行われているという情報が入ってきた。現に、選挙の最終盤には、同陣営から「原発は住民投票で！」というチラシが配布される状況まで生まれたのである。このことも、後の住民投票運動の誕生と成功に大きく寄与することになる。陣営には原発住民投票を本気で主張する大沢喜一町会議員がいた。同氏は、その温厚篤実な人柄もあり、第4章であらためて取り上げるが、住民投票条例制定派議員の集まり「二六会」（この名称の由来については第4章2を参照）の中心的存在であり、町長選後に誕生する「住民投票を実行する会」に終始寄り添い、町有地の買取り（第6章で取り上げる）、町村合併阻止（第7章で取り上げる）の局面などで大きな力を発揮してくれることになる。

次章で取り上げる「住民投票を実行する会」には、原発を止めるために村松支持に動いた人たちと相坂支持で奮闘した人たちが多く参加していくことになる。選挙では村松支持と相坂支持に考え方と行動は分かれたものの、「佐藤が勝てば原発がつくられてしまう。何とかしなければ」という切実な思いは同じだった。

「原発を何としても止めたい」「できることならやめてほしい」「原発などないほうがいい」「何とかならないか」――町長選挙で渦巻いていた町民のこうした思いが互いを結びつけ、融合し、いよいよ原発の建設必至という局面で生み出されたのが、巻町の住民投票運動であった。住民投票運動を生み出した坩堝（るつぼ）、そのすべてはこの94年町長選挙に始まる。

2 「住みよい巻町をつくる会」との別れ、住民投票運動へ

1994（平成6）年8月1日（投票日は8月7日）の相坂氏の集会に出席した後、思いつめた私は、投票日の数日前、桑原氏宅を訪問し、同氏の考えを質した。

「私は、町長選挙のように民心が大きく動く局面においてこそ運動にもチャンスがあると考

えています。私には、この間の桑原さんの意見、行動が理解できません」

私のこの問いに対する桑原氏の答えは意外なものだった。

「成し遂げられませんよ。高島さんはどうしても原発を止めたいと考えるからそうなるのでしょうが、私たちにできることは、原発はつくられても、これに対してどのような市民住民の闘いがあったのかということを後世に残すことまでですよ」

台所から妻の三恵さんが飛び出してきて、

「それはあなたの考えでしょう。そんなことを高島さんに言ってもしようがないでしょう」

と話を遮った。

意外で衝撃的な話ではあったが、不思議と納得する自分もいた。意外だったという意味は、かく言う桑原氏は、先に述べたとおり、それこそ「住みよい巻町をつくる会」の先頭に立ってじつにエネルギッシュな原発反対運動を展開し、誰よりも熱心な原発反対論者と私の目に映っていたからであり、納得したという意味は、それを聞けば、桑原氏の町長選挙に対するこの間の言動を無理なく理解できるということだった。

原発は止めようがないと割り切れば、巻町長として誰が適当かだけが残る問題となろう。ほどなくして桑原氏宅を辞去した私の腹は決まっていた。桑原氏の考えの根っこを知った以上、この会にとどまることはできない。それは、桑原氏の考え方が許せないから、ということではない。原発を止めるには、反対の視点もさまざま、止めたい気持の強弱も異なる多くの人たちみんなの力が必要だ。反対の気持ちの強弱といっても、しょせん程度問題である。だが本心を伏せ、会議の場で「原発を止めるためには、運動は◯◯でなければならない」とする議論を展開されたのでは、今回の町長選のように議論は常に水かけ論となって膠着し、何も決められず、何もできないことになってしまう。

「私は原発を止めることなどできないと考えている」という前提で話を進めるのであれば、その意見に同意する人、できない人、議論には必ず別の展開が見られるはずだ。さりとて、そんな要求は無理なこと、そして「住みよい巻町をつくる会」の運動は、前章で述べたように原発反対運動のなかでも、私にとってはひときわ輝きを放った運動であり、私が離れても、ずっと続けてほしい運動である。私が黙って去る以外に選択肢はない。佐藤町長が三選を果たした2日後、8月9日夜の「住みよい巻町をつくる会」定例会（桑原氏ほか5名が出席）に出た私は、冒頭でこう述べて、その場をあとにした。

「今回の町長選挙については反省すべき点が多々あり、まだ自分自身で整理がついているわけではないが、一つの結論としてこの会をやめることにしました」「批判があるかもしれませんが、原発反対をあきらめたということではありません。何か見つかればまたできるところから始めたいと思っています」

町長選挙の結果は、佐藤町長が９００６票で当選、村松治夫６２４５票、相坂功４３８２票であった。佐藤町長の圧勝にも見えるが、原発推進の翻意を求めて佐藤町長に折り鶴を届けていた人たちもいて、佐藤町長の得票数のすべてを原発建設賛成と見ることはできないし、慎重村松と反対相坂氏二人の票の合計は１万６２７票と佐藤票を１６００票も上回っている。

相坂氏の得票数は、私にとっては驚きだった。原発反対派のまとまった支援のないなかでの４４００票である。反対派がこぞって取り組んでいればあるいはとの思い、そして私は判断を誤ったのかの疑念もよぎった。だが、それでも村松との逆転までで佐藤に勝つことまでは無理だったのではないか、それが私の町長選に下した総括となった。

それから約1カ月、選挙のよもやま話などを田畑護人や赤川勝矢らと話して過ごした。さあ、どうしたものか。「住みよい巻町をつくる会」を離れたものの、その先の展望を私は何も描いていなかった。しばらく頭を冷やし、落ち着いてから、何があるか、何ができるかをゆっくり考えるしかない。佐藤町長が町有地を東北電力に売却し、1号機建設の流れがつくられてしまうだろう。そこから、どう闘うのか、その道をどう見つけるか。

そんなことを考えていた私のもとに飛び込んできたのが、原発住民投票の相談であった。8月末か9月初めのある朝、田畑から「聞きたいことがあるので、これから行く」と電話があった。訪ねてきたのは、田畑と、少し前に田畑の紹介で法律相談にやってきたことのある大橋四郎氏であった。大橋氏は巻町で銘木販売等を業とする会社の社長であり、法律相談が私には初対面の人物であった。

その二人の口から思いもよらない言葉が飛び出した。

「何人かで話になったのだが、原発反対派の人たちは住民投票を町にやれと言っていた。それは自分たちではできないものなのか?」「また、自分たちでやったとして、その効果はどんなものなのか?」

私は耳を疑った。

「自分たちで住民投票をやったら……」

彼らは間違いなくそう訊いてきている。想像の域をはるかに超える彼らの問いかけに、心臓が次第にその拍動を速めていくのがわかる。

町で商売をする人たちは原発推進派にがんじがらめにされていて、原発のことなど口にすらできないものと私は思い込んでいた。その人たちのなかから、原発への不安を口にし、自分たちの手で住民投票ができないかと問題提起をする人たちが登場したのだ。絶えず町民と接触する町の商人たちと、仕事で日中は町を離れ町民との交際範囲も限られるわれわれとでは、町民の思いやその変化をキャッチするアンテナの感度がまるで違う。後に、原発反対の声の広がりは数字ではっきり示されることにはなるのだが、この人たちの住民の手による住民投票という気宇壮大な発想は、原発建設に不安を抱く多くの町民の思いを感じとってのものであったに違いない。

じつは、その日の朝、田畑の店で笹口孝明氏、菊池誠氏と大橋氏、田畑の4人で町長選挙、原発のことなどを雑談していたところ、笹口氏がふと「住民投票を自分たちでやったら、どうなるのだろうかね」と口にしたのがきっかけとなって話が進んだのだという。

田畑の義弟である高島弁護士にその可能性やら効果などを聞いてみたらいいということになったのだが、「住民投票をやろう」とまで議論を詰めた末の相談ということではなかった。この田畑の後日談にはいささか拍子抜けしたが、しかし「自分たちで住民投票をやる!」、そう軽々に発想できることとは思えない。

「町長選挙で町民は原発建設を承認したとはいえない」「これで原発が建設されてしまっていいのか」といった、町長選挙の結果をめぐる町民に共通した思いが、彼らの発想を後押ししたと考えて、まず間違いないだろう。

法律論を踏まえた私の見解は以下のようなものだった。

「町がやるのでない以上、法律的な効力はない。任意の住民投票で原発反対多数の結果が出ても法律的な拘束力はなく町長は無視してかまわない。それだけで原発が止まることはない」

「ただ、住民大多数の原発反対の意思が明らかになれば、政治的な意味での影響力は持ちうる。選挙で選ばれた人たちなのだから、町民多数の意思を無下に切り捨てることには勇気がいるだろう。村松、相坂を合わせた票数は佐藤町長のそれを上回っている。佐藤町長の得票数を上回るほどの原発反対票が出るなら、勝負になるかもしれない」

「それに、1号機炉心予定地からわずか100メートルの位置に『町有地』がある。原子炉建屋の土台もひっかかってしまうほどの至近距離であり、この町有地を電力が取得できなければ原発はつくれない。『地主会』の土地のように予定敷地から除外することもできない」

「町有地は町民みんなの所有物、原発建設の賛否は単なる意見の表明にとどまるが、町有地を東北電力に売るかどうか、町有地を売って原発建設に協力するかどうかは政治の主権者である町民が決められる」

「間接民主主義は民主主義を実現する手段の一つにとどまるもので、絶対的な制度とはいえない。あくまで主権者は町民一人ひとりで、その代表、代理にすぎない町長も議員も、主権者である町民と意見が異なるときは、町民の意思にこそ従うべきものだ。町有地を売らせなければ原発を止められる」

私はこうした内容を二人に丁寧に説明していったが、その言葉におのれが引き込まれていくように次第に乗り気になっていく自分に気がついた。

「是非やりましょう。手伝います」

これも笑い話のような田畑の後日談だが、じつのところ、みんな私に「効果はない」と言われて終わる話と思っていて、「やりましょう」と言われたのには、本当は困ったのだという。大橋氏も田畑も、自分たちで住民投票をやるといっても、途轍もない規模の仕事になりそうなことはわかっても、具体的なイメージは湧かず、「大変なことになるが、どうしたものか」と思案しながら帰ったという。

笹口氏、菊池氏も同様だったようで、その後何日も返事が来ないことから、私のほうから田畑に「あの話どうなった？」と催促の電話を入れることになる。

田畑は、その後の流れを「みんないったん口にした以上は引けなくなったのだ」というが、照れ隠しか謙遜は明らかで、これほどの大仕事、行きがかりでできるものではない。

田畑は後に「子供らも成長し、この辺で商売ももうよかろう。一度は誰にも縛られず思いどおりに行動してみたい。それで住民投票運動に加わった」と述懐している。これも真意に違いなかろうが、理由はそれだけではなかったのではないか。

田畑は町長選挙で、私に時間稼ぎのための村松支持を働きかけ、そのせいではないが、私も同じ考えで行動し、結果は佐藤が勝ち、私は「住みよい巻町をつくる会」をやめた。会をやめた理由は誰にも話をしていなかったが、彼の決断の根底には、私に対する何かしら責任めいた思いもあったのではないかと私は推測している。

ともあれ、彼らにとって運がよかったのか悪かったのか、私にしてみれば失意のどん底にあるときに天から降りてきたクモの糸である。この人たちの登場も、住民投票の発想も、われわれが休むことなく続けてきた反対運動が生み出したに違いないものだ。ここを逃げて何があろうか。また、住民手づくりの住民投票運動、あるいは最後になるかもしれないこれほどの闘いに参加できるのなら、負けて本望、私のすべてを注ぎこんで、この運動にかけると決めた。

図々しく言えば、私は、このとき私が「住みよい巻町をつくる会」をやめてフリーの立場にいてすんなりとこの運動に入れたことも、住民投票運動を成功に導いた幸運の一つだったと思っている。住民投票の実施にあたっては多くの法律知識を必要としたし、そればかりか、推進側の妨害工作等に法的対処を必要とする場面が何度もあったからである。「住みよい巻町をつくる会」の代表のままであったなら、そうはいかない。私が参加するには、まずそこでの議論から始めなければならなかったのだから。

最初の会合が持たれたのは1994(平成6)年9月12日、次が9月20日、集まった有志は、2回目までに大橋氏、笹口氏、菊池氏、田畑、上原誠一郎氏、池藤正治氏と私の7名である。笹口氏は老舗酒蔵㈱笹祝酒造の専務取締役、私と高校の同級だが、それまでに数回囲碁を打ったことがあるほかにこれといった付き合いはなかった。菊池氏は初対面、野草販売などをしていた「巻ハイキングクラブ」の代表ということであった。上原誠一郎氏も初対面で上原酒造株式会社の社長、池藤正治氏も初対面で材木販売等の会社社長である。上原氏、池藤氏は4名のうちの誰かが声をかけて参加を促したようであった。二人とも町長選挙では相坂事務所に顔を出していたことを後に聞いた。

やると決まれば、できるだけ早くやらなければならない。佐藤町長が町有地を東北電力に売ってしまえば、住民投票の実効性を担保しうる唯一の手段が失われてしまうからである。準備の時間は限られている。佐藤町長にあれこれ考える暇を与えぬ速さをもって実行しなければならない。

その後の会合を通じて、会の名称、組織、運動の進め方、所要資金、カンパ活動、投票所の確保、投票関連用具の調達、事務所の建設等の内容が一つひとつ具体化されていった。会の名称は「巻原発・住民投票を実行する会」、代表を笹口氏、幹事長菊池氏、会計責任者田畑、資金確保は1000万円を目標とし、とりあえず7名が100万円ずつを拠出して700万円を確保すること、町長に公の住民投票の実施を申し入れ、拒否されればただちに「実行する会」が自主管理で実行することを宣言し、翌年早々の住民投票の実施を目指すこと、町民へのインパクトを大きくするため、名前等の公表を承諾してもらえるできるだけ多くの住民投票賛同者を各自が集めることなどが決められた。また、「原発は賛否を問わず町民みんなの住民投票で決めよう」という町民への呼びかけのスタンス、「実行する会」はあくまで中立の立場を堅持すること、会の性格を誤解されぬよう公表される賛同者から名の知れた原発反対者は除外すること、賛成反対を問わず関係諸団体すべてに案内し、「住民投票説明会」を開催することなども決められた。

町民の目にはっきりと原発反対運動の人と映る私などを賛同者から除いた理由は、「実行する会」の住民投票運動が看板を替えただけの原発反対運動などと誤解されることを避けるためであった。もちろん、原発を争点とした町長選挙の結果に異議中立てをしようというのだから、彼らが原発建設に賛成であるはずがない。しかし、終始中立を貫いた「実行する会」の立ち位置は、決して真意を隠す方便として考え出されたものではない。

「賛成反対いずれにしろ、原発建設の是非は町民みんなの意思、住民投票で決めればいい」

「仮に賛成多数なら、原発がつくられるのもやむを得ない」

これが彼らの現実の生活上の制約からくる嘘も隠し立てもないぎりぎりの主張だったのだ。

巻町には、古くから㈱水倉組を中心とする小沢辰男自民党国会議員の後援会「沢竜会」と、反水倉で同党国会議員高橋清一郎の後援会「清風会」（後に国会議員近藤元次の後援会「元友会」に改名）の保守二派が対立し、原発についてもその利権をめぐって、それぞれが「巻原子力発電推進連絡協議会」と「巻エネルギー町民懇談会」という別々の原発推進住民組織を立ち上げていた。いずれも土木建設業の㈱水倉組、㈱吉田建設を頂点として町の隅々にまで組織網を張りめぐらし、強固なピラミッド構造をつくりあげていた。町の商人たちはそのどこかに位置を定めて商売と生活が成り立っている。商工会が中心となり、東北電力のさまざまな取引発注の窓口となる「受注組合」が業種ごとに組織されてもいた。

原発反対どころか、原発を話題にすることすら彼らにとってはきわめて危険なことである。実際に激しい迫害に見舞われることになったが、その行動が何をもたらすか彼らにはよくわかっているのである。人口わずか3万の巻町で、彼らが氏名を明らかにして原発で声を上げることは、自分たちの生活基盤そのものを突き崩すことに等しい。それが、中立の立場を厳守する住民投票の訴えであった。

そして、彼らがこうした行動に出ることの難しさは、一般町民にもじつはよくわかっている。彼らが立ち上がること、立ち上がるとすればこうした訴えのかたち以外にないことはほとんどの町民がよく理解できたのである。多くの町民は、「賛成の人も反対の人も住民投票へ」「原発はみんなの意思で決めよう」という「実行する会」の呼びかけを、その顔触れの故に嘘偽りのないあるがままの主張として素直に受け入れることができた。だからこそ、彼らの行動は、原発推進でも強硬な反対でもない「原発はないに越したことはない」「原発は本当に安全なのか」「できればやめてほしい」という、原発に不安を覚えながらも口には出せない、声を出す術を持たない圧倒的多数を占める町民中間層の大きな共感を呼び、信じられないような影響力を発揮することになったのである。

この点が、従来の反対運動の一般町民への影響力との決定的な違いであった。姿を変えた反対運動、既存の反対運動のダミーであるなどという誤解を町民に与えるようなことはいっさい排除しなければならない。

表2に、「実行する会」が町民向けに初めて新聞折り込みしたチラシ（趣意書）を紹介する。すでに紹介した人たちのほかに、幹事として名を連ねた者の多くが町で商売をして生計を立てている人たちである。金子安雄氏は多くの顧客を持つ牛乳販売店、樋口一成氏は土建業者の多くが利用するガソリンスタンド経営者、佐藤正直氏は工作機械等の設計を業とし、岡島正秀氏は米穀販売業、橋本和雄氏は玩具専門店、清水恵治氏は飲食店経営、山下孝夫氏は小売酒屋、小川英爾氏は寺の住職、齋藤文雄氏は写真店経営者である。賛同者（幹事）の中には、名前を出すことを承諾しただけの人もいるし、皆がみな終始「実行する会」で行動を共にしたということではないが、名乗り出ることそれ自体が、いかに大変なことであったか、そして原発の建設に不安を抱いていた多くの町民に彼らの決起がどれほどの勇気を与えたことか。

私の仕事は、住民投票を実施する際の「住民投票実施要綱」、投票はがきの作成等の事務作業のほか、彼らがみな運動経験のほとんどない人たちであり、予想される膨大な事務作業等を処理することはほとんど不可能と思われたことから、裏方として「実行する会」の仕事を支え

（表２　つづき）

の意思を直接確認するという初めての試みが所期の目的を達せられるよう、町民各位の深いご理解とご支援ご協力を心から訴えます。

平成６年 10 月 19 日

代　表　笹口孝明（松野尾、笹祝酒造㈱）
幹事長　菊池誠（10 区、巻ハイキングクラブ）
幹　事　大橋四郎（赤鏥、㈲北越銘木）上原誠一郎（竹野町、上原酒造㈱）田畑護人（11 区、田畑酒店）小川英爾（角田浜、僧侶）齋藤文夫（福井、写真さいとう）柳沢克己（松山、農業）金子安雄（１区、ハイキングク）清水恵次（５区、飲食業）高橋健策（二箇、公務員）樋口一成（２区、会社役員）須貝富士男（１区、研磨業）天野一博（漆山、アマノデザイン）鈴木孝（越前浜、自営業）宮沢澄子（６区、主婦）佐久間清一（１区）大橋一雄（稲島、建築業）佐藤正直（河井、㈱ ncc 新潟）畠山洋一（松野尾、笹祝酒造）篠田清徳（角田浜、笹祝酒造）長津正男（天神町、農業）山下孝夫（越前浜、会社員）池藤正治（鷲ノ木）岡島正秀（東６区、自営業）袖山一敏（11 区、刀工）袖山久子（11 区、主婦）袖山貴美子（11 区、講師）藤田治雄（９区、画材店）橋本和雄（５区、玩具店）若杉忠男（13 区、会社員）佐藤浩（布目、会社員）長谷川一雄（栄町、農業）中村ヨシイ（鷲ノ木、主婦）齋藤弘子（13 区、主婦）西村吉彦（13 区）

ることのできる運動経験者をできるだけ多く集めることであった。

たとえば、「住民投票実施要綱」は巻町の全戸約８０００戸に郵送する、投票はがきは全有権者約２万３０００人に送付する。選挙人名簿に基づく宛名書き一つが気の遠くなるような作業である。私は反対運動の仲間に運動の意義と運動体の実情を説明して協力を要請して回り、武田又ェ門氏、石塚由美氏ほか数名から協力の約束を得ることができた。赤川勝矢もその一人である。仕事の関係から「表には出られない」との留保つきではあったが、彼は「実行する会」の住民投票運動の意義を読み取って私の要請を受け入れてく

表２　巻原発・住民投票を実行する会趣意書

最近、巻町では巻原子力発電所（以下、巻原発とする）の建設について、町民はきわめて重大な関心を示し、町のあちらこちらで賛否の意見がかわされております。もとより、巻原発が建設されるか否かは、巻町にとって、又巻町住民にとって、将来、決定的に重大な事柄であります。

このような重大な事柄に関しては、民主主義の原点に立ち返り、主権者である住民の意思を確認すべく、住民投票を行う必要があります。

去る８月の巻町長選挙の結果を見ましても､「町政の担当者としては、佐藤莞爾さんが適任者であるが、巻原発建設に関しては、町民の意思を確認すべきである」というのが大方の町民の考えであると思われます。

従って、巻原発の賛否を問う住民投票を行うことは、巻町民の大多数の気持ちと合致するところであります。

巻町民の皆様、この会「巻原発・住民投票を実行する会」では、
１　町当局に対し、原発建設の賛否を問う住民投票の実施を求める。
２　町当局がこれを実施しない場合には、町民の意思を結集して、町民自主管理による住民投票を実行する。
以上の２点の行動を開始することを確認しました。

民主主義の原点である主権在民の立場に立ち、巻原発に関して、町民

れた。そして、その後の熱心な活動を通じて、彼は「実行する会」にとって欠くことのできない中心メンバーの一人となっていく。広く知られた「公平」をモチーフにした天秤図を「実行する会」のロゴマーク（図２）とすることは彼の発案である。私の妻の属していた「消費者センター」のご婦人たちが町内外から参集してくれたことも大きかった。

ただ、「実行する会」の旗揚げ後に、「共有地主会」「住みよい巻町をつくる会」に呼びかけ、拙宅で正式に協力要請した10月22日夜の会合は、大荒れとなった。

私が理由を言わず会をやめたことが

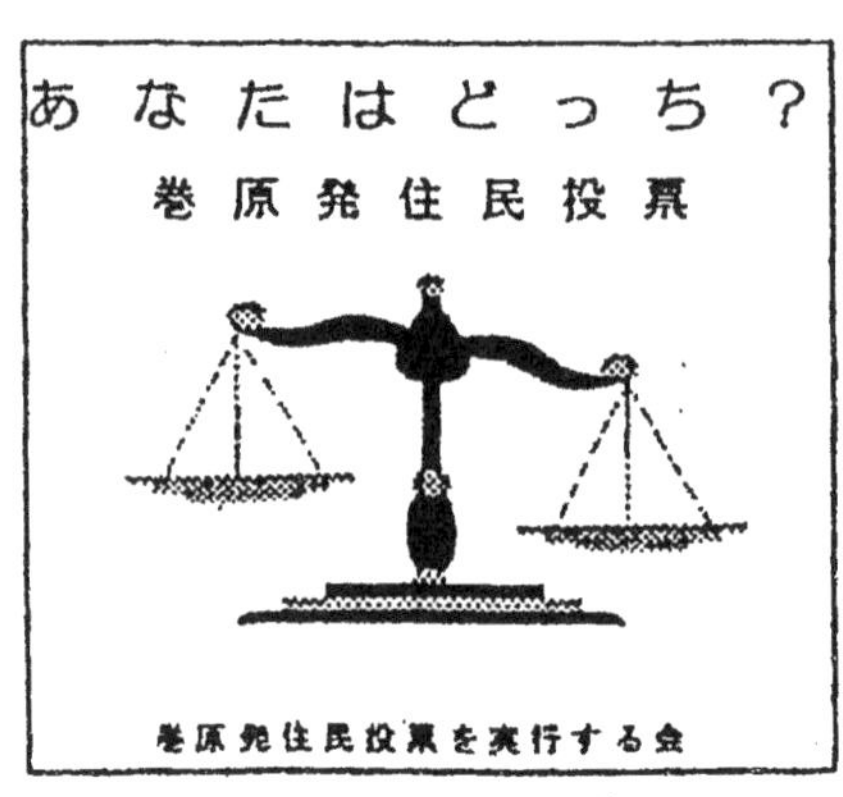

図2　「実行する会」のロゴマーク

どのように扱われていたのかはわからないが、桑原氏ほかから「住民投票をして負けたらどうしてくれるのか」「あれほど大きなプレハブ（「実行する会」が10月16日に建てた事務所）を建てられるような資金力は自分たちにはないし、あんな規模の大きな運動はできない」「自分たちの反対運動を守るのに精一杯で、とても手伝いなどできない」といった声があがった。他の参加者が肝をつぶすような激しい言葉が容赦なく浴びせられ、協力要請は短時間であきらめざるを得ないことになった。

しかし、結果においてはこれでよかった。このことは、運動にとってむしろプラスに働くことになる。人数は十分とはいえなかったが、「実行する会」に結集してくれた人たちの闘志に火がついて、すべては自分たちでやり遂げてみせる、その覚悟が固まったからだ。

3　どのような住民投票でなければならないか

さて、住民の手で原発住民投票を行うとして、それはどのようなものでなければならないか。前述のとおり、まずは実施を急がなければならない。佐藤町長に町有地を売却されてしまっては、住民投票でどのような結果が出ようが、それは原発建設についての町民の単なる意見表明にとどまるものと無視されておしまいである。

次に、住民の行う住民投票には法的拘束力、行政への強制力はなく政治的な影響力が期待されるにとどまる。結果を無視して町有地を東北電力に売却されても、追求できるのは町長の政治責任だけである。行動を思いとどまらせる、政治的に無視できないような投票結果を叩きださないかぎり、その効果は見込めない。一つは投票率そして原発反対票の数である。少なくとも佐藤町長の町長選得票数を原発反対票が上回る必要がある。そのためには、町民の投票機会を増やさなければならない。投票期間を日曜日から日曜日までの8日間としたのはそのためである（後述するように、妨害に対抗して15日間に延長）。投票所も町民が参加しやすいように、町部、漆山、竹野町、福井、松野尾、五ケ浜（ごかはま）、越前浜、角田浜（かくだはま）、四ツ郷屋（よつごうや）、各地域それぞれに設けることとした。

そして、何より重要なことは、結果の公正を担保する適正手続が具備されていることだ。誰の目にもいかなる不正も恣意的な操作もないことが明らかでなければならない。どのように周到に行ったところで、原発推進派は難癖をつけて投票の無効を主張するであろうが、マスコミ等の第三者や投票に参加する人たちに、その投票結果に不正の余地などまったくなかったと確信させるものでなければならない。そうでなければ、どのような数字が出ようが政治的影響力を発揮することはできない。そのためには、費用も労力も惜しまず可能なかぎり公の選挙に近い形態を整えることが一番だ。

住民投票に関する町民との約束事（ルール）として、投票資格、投票期間、投票方法、立会人、投票箱の保管管理、開票の定めなど全12条からなる「巻原発住民投票実施要綱」を作成して町内全8000戸に郵送する。正規の巻町選挙人名簿に基づき、全有権者2万3000人に登録番号を付した投票所入場券（ハガキ）を送付する。持参された入場券を選挙人名簿と照合チェックし、投票用紙と交換して投票してもらう（重複投票の防止）。町民にチラシであらかじめ知らせた投票立会人が各投票所に立ち会い投票行為等を監視する。投票終了後の投票箱は投票管理委員会委員長（笹口氏）が閉鎖（施錠）し、立会人がこれを保管管理する。立会人はこれを保管業者に委託することができる。開票作業は公開して行う。

これらはすべて実際に行われた手続きである。投票箱、記入台等の選挙関連用具は、町長と

表３　巻原発住民投票のあらまし

１　**投票資格者**は、投票日において、巻町に住所を有する年齢満20歳以上の者とさせていただきます。

２　**投票日**は、平成７年１月下旬から２月上旬を予定します。

３　**住民投票管理委員会**（以下、委員会という）を設けます。委員会の委員は「巻原発住民投票を実行する会」のメンバーの中から選任いたします。

４　委員会はあらかじめ投票資格者一人、一人に、番号を付した**投票所入場券（ハガキ）**をお送りします。投票所にこの入場券をお持ちください。入場券と引き換えに投票用紙をお渡しします。

なお、投票資格者で、入場券が送付されなかった方への入場券の交付の手続きは、後でお知らせします。

５　**投票方法**は、投票資格者が、委員会が指定する**投票所**に出向き、そこで渡される投票用紙に、巻原発建設の賛否について表示し、これを**投票箱**に入れることにします。

誰が投票したか、あるいはしなかったかについての秘密は守られます。

６　原発賛否の表示は、巻原発に賛成の場合は投票用紙の**賛成欄に○印**を、反対の場合は**反対欄に○印**を記入する方法とします。

７　身体の障害等により、上記の投票方法によることが困難な方は委員会にお知らせ下さい。投票が可能になるよう、委員会が適切な方法をご連絡いたします。

８　不在者投票、郵便投票は行いません。ただし、投票日は数日間を予定しています。

９　町当局に対して、投票、開票の立会人の選任と派遣をお願いいたします。町当局の協力が得られない場合は委員会が立会人を選任させていただき、あらかじめ公表します。

は独立した巻町選挙管理委員会が「実行する会」への貸与を承諾してくれ、選挙人名簿は住民投票に協力してくれた村松派町議が最新の選挙人名簿の写しを提供してくれた。

町長が行政による住民投票の実施を拒否したことを受けて、「実行する会」が自主管理の住民投票の実行を宣言し、新聞折り込みで投票手続の概要を町民に知らせたチラシの内容が表３である。

4 「実行する会」の立ち上げと町当局、町民の反応

「巻原発・住民投票を実行する会」の行動は、1994（平成6）年10月16日、巻町3区にプレハブ事務所を設置したところから始まる。「原発は住民投票で！」「原発建設の是非は住民の意思で！」「巻原発・住民投票を実行する会」の大看板が外壁に張り出された。約30台の車が駐車可能な敷地は池藤正治氏が無償で提供してくれた。噂には聞いていたものの半信半疑でいた町民も、忽然と現れた選挙事務所と見まがうほどの大きな事務所を目の当たりにして、「実行する会」の住民投票実施の覚悟とその本気度を理解した。本当にやるのだ、と。事務所には有給の事務所当番を依頼したほか、私の妻も手の空く時間帯には連日事務所に詰めて電話対応や訪問客の応接、雑務処理等に当たっていた。

10月19日午前11時事務所での記者会見、笹口氏を中心に「実行する会」のメンバーがカメラの前にずらりと並んで、会設立の目的、行動予定等を説明し、記者らの質問を受けた。昼、夜のテレビのニュースが彼らの姿を映し出し、翌日の新聞には写真が掲載された。チラシに名のある人たちが実際に行動している。住民投票の実施を疑う者はいなくなった。

10月19日の新聞折り込みチラシには、10月27日午後7時30分事務所での「住民投票に関する

自主管理住民投票の盛り上がりを報じた『新潟日報』(1994年11月6日)

巻原発是非は住民の手で

目指すは自主管理投票

「推進」「反対」超えて過熱

昭和五十八年から中断している東北電力の巻原発建設再開の動きに絡み、建設の賛否を問う「住民投票」を求めて先月中旬、西蒲巻町に発足した町民グループの活動に熱い視線が注がれている。グループには政治色の薄い町民や原発賛成派も参加しているのが特徴。グループではあくまで、全国で例のない「自主管理」による住民投票の実施を目指す構え。八月の町長選で「原発推進」を掲げた佐藤町長が三選を果たしたことで高まりをみせる「建設再開」の動きに、住民の自主的運動がどんな歯止めをかけるか。周辺の動きと反響を探った。

約160人の町民がつめかけた「巻原発・住民投票を実行する会」の初の住民向け説明会。各種の選挙では

町有地売却にクギ
来年早々実施狙う

表層深層

●賛成派も声

「巻原発・住民投票を実行する会」が結成された先月十九日。メンバーに原発や政治運動にかかわりの薄かった人が多いことが注目を集めた。

産廃問題をきっかけに二年前、町内にできた「巻町環境ネットワーク」とのつながりがあるが、そのほか

特定の関係はみられない。職業も自営業や農業、僧りょ、主婦などまちまち。原発反対派も、原発推進の住民団体「巻原子力懇談会」（原懇）の会員もいる。町長派のほか、反町長派も含まれる。笹口孝明代表は酒造会社役員。経営に専念してきた人物だ。

こうした人々がなぜ住民投票の声を上げたのか。笹口氏は「選挙は佐藤さんに投票したが、原発の是非は住民投票でという町民の声が充満してきている」と強調する。

●町議選前に

る最大のネックが土地問題。中でも約六千七百平方㍍の町有地の扱いが当面の焦点だ。町内に「十二月町議会にも町有地売却が提案されるのでは」とのうわさも流れる。

メンバーが住民投票を急ぐのは、町有地が売却されれば原発建設が既定路線となり、住民の意思を聞く場がなくなるという〝焦り〟もある。町長との交渉でも

町民説明会」の開催が案内されていた。それとは別に、町内の知れたる原発推進、反対諸団体には個別に文書で案内もしていた。会の何たるかを読み切れない原発推進派は参加を見合わせ、ほぼ反対諸団体のみの参加となったが、ここでは奇妙な意見を聞くことになった。無条件の賛成意見は皆無で、政党関係者数名から「住民投票をやるなら、まずは議会で条例を制定することから始めるべきではないのか」という発言があったのである。9割方が原発推進で住民投票条例など通るはずのない巻町議会のこと、かつてそのような意見は原発反対議員の口からも一度も聞いたことがないというのに。古い原発反対運動の得体の知れぬ縄張り意識のようなものはいつになっても抜けないのだ。

なお、この「実行する会」の顔触れが第三者に与えた印象については、先の町長選の間、取材で頻繁に拙宅を訪ねてきていた二人の新聞記者が、説明会で参加者の最後尾に座る私のもとにやってきて尋ねた次の問いによく表れていた。

「先生、この人たちはどういう人たちなのですか」「佐藤町長の支持者が多いようですが……」

町長選挙で各方面に取材を重ねていた二人の目には原発推進と思われる人が「実行する会」のメンバーの中に多く含まれていたことになる。

反対運動の各団体が一致して住民投票に取り組んでくれるまでには少しの時間を要した。「巻原発設置反対会議」「巻原発反対共有地主会」「原発のない住みよい巻町をつくる会」「青い海と緑

表４　住民投票の案内

投票日

翌年１月22日から29日までの８日間

投票所

全町の有権者対象で投票日初日と最後の３日間を町営体育館

漆山等地区は１月23日漆山公民館

竹野町等地区は24日集落センターと入徳館公民館

松野尾等地区は25日集落センター

五ケ浜地区はふるさと会館、越前浜地区は同地区公会堂、角田浜地区は同地区公民館、四ツ郷屋地区は同地区公民館で、いずれも26日

投票時間

町営体育館は午前７時から午後８時、その他の投票所は正午から午後８時

の会」（相坂町長選挙の選挙母体）「巻原発阻止町民会議」（共産党系住民組織）「折り鶴の会」の原発反対６団体が「住民投票で巻原発をとめる連絡会」を結成し、共同して住民投票での勝利を目指す運動を展開することを決めたのは、「実行する会」が町長の拒否回答を受けて自主管理住民投票の実行を町民に宣言した11月11日の約２週間後11月27日のことであった。

11月２日「実行する会」は町長交渉に臨み、佐藤町長に、①町主催で住民投票を行うこと、②町が実施しない場合は、会場確保や選挙人名簿の交付などで町民自主管理の住民投票に協力してほしいこと、２点の申し入れをした。

これに対し、佐藤町長は１週間後「実行する会」に次の回答をした。

「①町には住民投票に関する条例がないので実施

できない。②町が行わない以上、立会人の派遣など公費による費用援助にあたることはできない。選挙人名簿の交付などは選挙管理委員会の裁量事項である」

われわれにとっては折り込みずみの回答であり、「実行する会」は11月11日自主管理の住民投票実施を町民に宣言し、投票日時、地域別の投票所、投票所別投票時間等の実施細目を定めて、12月1日の新聞折り込みチラシ（表4）で町民に案内をした。

マスコミの扱いは全般に好意的で、新潟日報は「成功させたい巻原発住民投票」の社説を掲載し、「町長選で原発建設が支持されたとはいえない。代議制民主主義は形骸化している。地域の将来を左右する問題は住民自身の判断にゆだねるべきだ」などと主張した。

しかし以後、佐藤町長や原発推進派の常軌を逸した住民投票妨害行動が始まる。そのなかには、「実行する会」のメンバーに対するすさまじい個人攻撃も含まれていた。

第3章
自主管理住民投票の成功と意義

1 推進派の激しい妨害と不退転の闘い

まず動いたのは、「原子力懇談会」である。住民投票への不参加と家族や、友人などに不参加の呼びかけを要請する文書を会員2400人に送付するとともに、一般町民向けにも同趣旨を記載した『会報』を新聞各紙に折り込んだ。

曰く、「巻原発については、すでに巻町・岩室村両議会の建設同意決議と巻町長の建設同意表明がなされ、……法律的にも手続的にもすでに決定している。……住民投票には何の根拠もなく町民の意思とは認められない。……議会も議員も不要となり、代議制は崩壊する」

しばらくは様子をうかがっていた原発推進派であったが、「実行する会」の本気と実際に行われる住民投票のスケールの大きさ、選挙に類する厳密な手続き等を知り、ここで明確な原発反対の町民意思が示された場合、その影響は無視できなくなると危惧したのであろう、当初は不参加の呼びかけ程度であったものが、住民投票そのものの妨害、町民を住民投票に参加させない行動へとエスカレートしていく。

全町民対象のメイン投票所に予定した町営体育館の管理を委託された巻町教育委員会は、11月31日にいったんその使用を許可しながら、12月5日になり許可の取消しを通知してきた。取消し理由には、

「町条例により、使用者が偽りその他の不正の手段により、使用許可を受けたとき、町長は許可を取消すことができる」「申請者の利用方法が公費による費用援助にあたり、使用は許可できないと判断した」

とあった。

この使用許可取消しを皮切りに、他の地域の公民館、集落センターなど数カ所も、町当局の意向を受けた原発推進の地元区長によってその使用申請が相次いで拒否されることになった。

地方自治法上の「公の施設」の利用は、自治体住民に認められた基本的権利であり、その使

用によって暴力行為が発生する恐れや町民に何らかの危害が及ぶ恐れがあるなど、よほどの事情がないかぎり、町民の使用申請を拒否することはできないものである（地方自治法244条2、3項。町民の財産であり町民が利用するための施設であるから当然のこと）。いまだに全国の自治体で無知で横暴な首長による使用拒否事例が散見されるが、法律家ならずとも、公共施設の利用が当該自治体住民に認められた権利であることは常識に属する事柄であるといえよう。

佐藤町長はテレビカメラの前でこう述べた。

「住民投票は間接民主主義を破壊する暴挙で、違法な行為である」

その発言は、施設利用を拒否する理由とはとてもなりえない抽象的なもので、お粗末かつ幼稚なものであった。じつは理由などどうでもよく、ただただ住民投票の妨害を意図したものであることは明白であり、体育館の使用拒否は憲法の保障する国民の「表現の自由・集会の自由」を侵害する重大な違法行為であった。県も町に再考を促す行政指導に乗り出したが、佐藤町長は聞く耳を持たなかった。

「実行する会」は、投票期間および投票日ごとの対象地域、そして投票所をすでに町民に通知してある。これを延期、変更することは、原発推進派の理不尽な違法行為に屈服することを意味する。何が何でも代替手段を講じて住民投票は実施しなければならない。地域の投票所は、公民館等の代わりに投票所として使える民間の家屋等を提供してもらい、代替施設が見つからない地域では土地を借りてプレハブ施設を建てた。一カ所だけであったが、「実行する会」の抗議で区長が使用不許可を撤回した箇所があった。

痛かったのは、メイン会場に予定した町営体育館が利用できなくなったことだ。人口の約半数が住む町部では十分な駐車場を確保できる大きな投票所が必要である。「実行する会」事務所の裏側に田畑らが所有する空地があった。費用を気にしている暇はない。土地を無償で提供してもらい、そこに、投票所としてまずまずのスペースを確保できるプレハブ施設を建てることにした。「実行する会」事務所の約30台分の駐車場が使える。ただ、規模は体育館の数十分の一しかなく、また場所が「実行する会」事務所の隣であるため、推進派の激しい妨害のもとでは、町民の足がさらに遠のくことが懸念された。

「実行する会」は、これら妨害行為への対抗措置として、投票期間を2月5日までの15日間に延長することを決めた。このことも結果として住民投票には幸いした。投票期間の延長が投票率の伸びに寄与したことは明らかと思われるからである。

しかし、代替策を講ずるだけでは、町民に町長の側にも言い分があるかのような誤解を与える恐れがある。白黒ははっきりさせておいたほうがよい。新潟県弁護士会に人権救済の申し立てを行い、12月26日、「実行する会」代表の笹口孝明を原告として「使用許可取消処分の取消し」を求める訴えを新潟地裁に提起した。裁判には時間がかかり判決が住民投票に間に合わないことは承知のうえである。住民投票を終えた後、訴えを町長の違法な使用許可取消処分によってこうむった被害の損害賠償請求に変更した。その年の10月31日に言い渡された判決は、町長の不法行為を認定して、町に「実行する会」への35万円の支払いを命じた。町長の行為の違法性を明らかにすることだけが目的の裁判であり、町（町民）に賠償金を負担させるつもりはもともとない。プレハブ建設費など使用不許可でこうむった被害の賠償金は請求しておらず、町長側の控訴もなく確定したこの判決の執行はしていない。

覚悟していたこととはいえ、「実行する会」のメンバー一人ひとりに対する原発推進派からの個人攻撃はすさまじいものであった。

「こんな酒、飲めるか！」――清酒「笹祝」は推進派のいやがらせの恰好の餌食となって宴席等から排除され、「実行する会」メンバーのガソリンスタンドには契約している土建業者のトラックが給油に来なくなり、田畑酒店は町内ほとんどすべての建設業者から取引を打ち切られた。某建設会社の社長は従業員に田畑酒店を潰せという指令まで出した。飲食店を経営するある者は何の理由もなくレストランの建つ借地の返還を請求され、顧客から取引中止の通知を受けた者も数多くいた。原発反対運動の人たちはほとんどが給与生活者で、家族や縁者への影響がなかったとはいえないまでも、自らの生活への直接の不利益はさほど大きくなかったのに対し、推進派に狙われた町の商人たちがこうむるダメージはおよそその比ではないのである。

住民投票を試みるだけで、これほどの仕打ちである。住民投票で負けたら、彼らは一体どれほどひどい扱いを受けることになるのか。この闘いに負けるわけにはいかない理由がもう一つ加わった。

推進派は、組織を総動員して住民投票の妨害活動を展開した。「原子力懇談会」の活動は前記のとおりだが、驚いたのは、本来行政の補助機関として中立公正に行政と地域住民とのパイプ役を務める立場であるはずの各地域の区長、その集まりである「連合区長会」が住民投票のボイコットを決め、各区長が地域を戸別訪問して町民に住民投票への不参加を呼び掛けてまわったことだ(もちろん、これを拒否した良識ある区長もいた)。

「住民投票運動は違法」「法的根拠がなく無意味」「実行する会は既成の原発反対運動に乗っ取られ利用されている」などなど。

町民一人ひとりに顔を合わせて圧力をかける。ボイコットの呼びかけというより、「住民投票に行ったらどうなるか」「投票に参加すれば反対者とみなす」というあまりに露骨な不参加強要行為であった。脅しともいえる推進派のこうした行動がかえって町民の反発を招くことになったのも事実だが、他方、多くの町民の足が止められることになったのも、後に条例に基づいて行われた住民投票の投票数と比較すれば明らかである。

1995(平成7)年1月22日から2月5日まで、「実行する会」のメンバー全員が大車輪で動き回る15日間となった。投票日には、投票所の設営（投票所の場所を案内する看板や数十本の幟を道路沿いに設置した）、投票管理責任者、入場券チェック、選挙人名簿との照合、投票用紙の交付その他の受付要員、駐車場の整理係、街頭宣伝など分担すべき多くの任務がある。午前、午後、夜の3交替制でそれぞれ10人以上の人員が必要である。15日間の延べ人員は数百人規模となった。「実行する会」の呼びかけに応じて町内外から多くの人たちが参集し、仕事を手伝ってくれた。投票所の立会人も少なくとも二人は必要である。「実行する会」が依頼し引き受けてもらった立会人は49名、私も柏崎刈羽原発訴訟弁護団を中心に10名を超える弁護士に立会を依頼し、協力してもらうことができた。立会人には日当も用意したが、ありがたいことにほとんどがカンパとして戻ってきた。平日も時間のやりくりが可能な会社経営者、商店主、農家、そして主婦らが中心の集まりという「実行する会」にして初めてなしえた大事業であったといってよい。

投票初日の投票者はわずか2000人足らず、先行きに不安を覚えたが、最終的に投票総数は1万3578票に達した。期間中は連日街宣車で投票数を町民に伝えて投票への参加を促した。

推進派の圧力の大きさを示すものであろう。日中投票に来る人たちはマスクやサングラスで顔を隠し、なかにはテレビカメラが待ち受けていることを知るや引き返してしまう人もいた。テレビ局関係者に一時退去を求めて口論となったこともある。昼間を避け、暗くなるのを待って投票に来る人も多かった。

みぞれの降る夜、私も駐車場の整理に立つことがあった。遠く連なってくる車が「実行する会」事務所の駐車場に近づいて、左折右折のウインカーを点す。次の車も、その後ろの車も……。みんな投票に来る。車のウインカーの点滅がこれほど美しく感動的に見えたことは後にも先にもない。

１９９５（平成７）年２月５日の開票日。投票総数は１万３７８票、原発反対９８５４票、賛成４７４票、原発建設反対票が佐藤町長の町長選得票数を上回った。

2　自主管理住民投票の成功とその要因

自主管理住民投票成功の主な理由について、私は次のように考えている。最初に指摘すべきことは「実行する会」の顔触れのすばらしさである。先に述べたように、町長選挙の結果に異を唱えようとする以上、彼らが原発建設に中立の立場であるわけはない。民主主義の理念だけで資金を投じ、労力も惜しまずにあれほどの大仕事をできる者がいるとも思えない。町民に彼らの意図するところは明白である。しかし、彼らの多くは町に生活基盤を持つ会社経営者や商

ありがとうございました

投票総数	10，378票
反対票	9，854票
賛成票	474票
無効票	50票

寒さの中，大勢の方々から投票所に足をお運びいただき，ありがとうございました。皆様の暖かいご支援，ご協力により混乱もなく，15日間の投票を終えることができました。雪の中，歩いて来られたお年寄り，友達同士の若者達，赤ちゃんを抱っこしたお母さん，お父さん，家族そろって車でいらした方々。本当にありがとうございました。この結果を，町長はじめ東北電力には，重大に受け止めていただきたいと思います。私たちはこの票の重みを十分に考慮し，今後に生かして行くつもりです。

又，町内外の皆様から寄せられたカンパが712万円にもなりました。投票当日にも多くの方からカンパをいただいたり，差し入れをいただいたりしました。この多額の浄財を決してむだにする事なく大切に使わせていただきます。ありがとうございました。

最後にもう一度，皆様のご協力に感謝し，お礼申し上げます。

ありがとうございました。

巻原発・住民投票を実行する会

代表　笹口　孝明

巻町巻乙1594（3区）

TEL 72-0756　FAX 72-0757

図3　投票結果を知らせる「実行する会」のチラシ

店主、原発建設に対する疑問を口にすることすらタブーではないかと思われていた人たちである。

その彼らが「原発建設の是非は住民に直接問うて決めればいいではないか」というぎりぎりの主張を掲げて行動に出たのである。その決意の大きさと覚悟の重さがわかればこそ、彼らの行動は、原発に不安を覚えながらも自らは口にできず、いわんや行動など起こせない多くの町民に感銘を与え、共感を呼び起こしたのである。

「私にもできるのでは……」「私も行動しなければ……」

「実行する会」のメンバーの決起それ自体が町民に感動と勇気を与え、町民一人ひとりの行動を促した。これが自主管理住民投票を成功に導いた最大の要因である。

次は、その主張の正当性である。

「原発は住民の意思を確かめて！」これが「実行する会」にとって可能なぎりぎりの主張として選択されたものであることは先に述べたとおりである。

政治の主権者は、国民、住民であり、その住民との間で意見が食い違うならば、住民の代表、代理人にすぎない町長、議員は主権者たる住民の意思にこそ従うべきものであるという「実行する会」の主張は、民主主義、国民主権の法体制のもとでは争う余地のない真理である。地方自治法には議会解散直接請求、議員町長に対するリコール制度も用意されている。間接民主主義、代議制の法的性格をめぐる学者間の議論はともかくとして、町の将来を大きく左右する原発建設の是非、町有地売却の可否は住民の意思、住民投票で決めればいいではないか、この道理を否定するのは容易なことではない。佐藤町長や原発推進派は、この住民投票を違法行為であるとして、町民が住民投票に参加することすら妨害しようとした。町民がこうした暴挙に反発したのも当然であった。

第三に、マスコミの力も大きかった。「実行する会」のメンバーのほとんどが政治的運動の経験がなく、そのせいもあってか、ときに推進側に漏れては困るような議題をもあったが、会議を秘密にすることなど誰も言い出さない。事務所への出入りは自由で、記者がメモを取り、テレビカメラが発言者を撮影する。会議には毎回ほぼ30人前後のメンバーが集まり、それぞれが思い思いの意見を述べ、議論を尽くして会の方針が決められていた。包み隠しのない会議の運営が巧まずしてマスコミ関係者の「実行する会」への信頼感を生み、原発推進の姿勢が明確なごく一部のメディアを除き、ほとんどのマスコミが「実行する会」に好意的な報道を行うようになっていった。このことが、町民に「実行する会」のありのままの姿を伝えるうえで大きな力になり、業者が閉鎖投票箱を新潟市へ搬送して倉庫に収納する様子など住民投票の模様を記事や映像でことこまかに報道してくれたことが、住民投票やその結果に対する町民の信頼を確かなものにした。

もう一つ忘れてはならない出来事がある。投票開始日の5日前の1月17日午前5時46分に発生した阪神淡路大震災である。高速道路が崩落し、新幹線の高架橋が折れ曲がり、耐震設計など近代建築の粋を集めたはずの建造物がもろくも倒壊し、6000名を超える死者を出す大惨事となった。原発の耐震設計は大丈夫なのか、幾重にも施されているという安全装置は本当に機能するのか、推進派の激しい妨害のなかで、この震災が原発の安全性に対する町民の疑念を呼び起こし、投票所に町民が足を運ぶ要因となったことは間違いのないところである。

3 自主管理住民投票の成功がすべて

巻原発住民投票運動を勝利に導いた最大の要因、それはこの自主管理住民投票の成功にある。振り返ってみて、自主管理住民投票の成功がこれにひき続く臨時議会での町有地売却の阻止、4月の町議会選挙における条例制定派議員の過半数の確保、佐藤町長のリコールなど、すべての闘いを勝利に導く原動力になったと私は考えている。

確かに、町民も町の中で原発反対の声が大きくなっていることを肌で感じてはいた。あの人もこの人も反対、口には出さないけれど身近にいる多くの人が原発に反対であることを町民は知っていた。しかしそれは、その個々人の交友関係、その人の住む地域でのことであって、他がどうなのか、町全体ではどうなのかはわからない。それを公正な手続きで具体的数字をもって町民に知らしめたのが、自主管理住民投票の原発反対９８５４票である。

町民は投票結果から、多くの人たちが投票所に足を運び原発反対票を投じたことに驚かされたが、同時にまた、自分のまわりに原発には反対だが推進派の圧力や妨害で投票に行けなかった多くの人がいたことも知っていた。その人数を加えれば、投票数をはるかに超える町民が原発に反対ということになる。

これならば、町有地を東北電力に売却させないことで本当に原発を止められるのかもしれない。金が飛び交う西蒲(にしかん)選挙（当時西蒲原郡町村で常態化していた買収・供応選挙のこと）、地縁血縁でがんじがらめの選挙から抜け出して住民投票条例派を議会の過半数に押し上げたエネルギー、そして匿名ですむ投票行為と異なり、住所氏名を明らかにしなければならない町長リコール署名の高いハードルをもあっさりと飛び越えた町民の勇気は、この自主管理住民投票の結果がもたらした町民意識の大きな変化、町民個々に芽生えた「自分たちも頑張れば原発は何とかなる」という強い自信を抜きにしては考えられないのである。

第4章
条例に基づく住民投票の実現と投票結果

1 佐藤町長の臨時町議会招集と流会

「実行する会」のメンバーの中には、佐藤町長の町長選得票数を上回る９８５４票もの原発反対の町民意思が確認されたことで、巻の原発問題は結着するのではないかと期待する者もいた。しかし、１９９５（平成7）年2月9日投票結果をもって町長交渉に臨み、住民投票に示された住民の意思を尊重すべきことを求めた「実行する会」に対し、佐藤町長は住民投票が法令上の根拠を持たない違法なものであるとの持論を展開して、これを拒絶した。そして、2月

13日までに東北電力が佐藤町長に対し敷地内町有地の売却を申し入れ、これを受ける形で佐藤町長は3月定例議会を待たずに町有地の売却同意（墓地跡地2筆約356坪代金2369万円）を得るための臨時議会を2月20日に招集した。

じつは5000平方メートル未満の土地を売却する場合、法令上（地方自治法・巻町条例）は議会議決は不要であり、町長単独での売却も可能であったが、これも自主管理住民投票に示された数字の威力なのであろう、推進派議員に連帯責任を求めるかのような行動に、町長の弱気も垣間見えていた。

この事態に対して「実行する会」は、すぐに議員一人ひとりに対する説得活動を開始した。会えたのは推進派議員6名であったが、いずれも売却賛成の立場を崩さず、「実行する会」の行動を知った他の推進派議員は家を空け、逃げまわる始末であった。自主管理住民投票を成功させただけに佐藤町長らに対する「実行する会」の怒りは他の誰より強かったが、一方で「実行する会」には行動上の限界があった。議会での議決を実力で阻止する行動は「実行する会」のメンバーのとれる手法ではなかった。

阻止行動に立ち上がったのは原発反対派の人たちである。彼らは臨時議会前日夜から行動を起こし、当日は役場職員の阻止線を突破し、議場に通じる廊下を占拠して議員の入場を阻んだ。私は、機動隊による実力排除を心配し、弁護士資格が役立つ場面もあればと占拠現場に出向いていた。再三にわたって当局からの退去要求が出され、いずれ機動隊が導入されるものと覚悟は決めていたが、午後になってもその気配はない。そして、午後5時になると、驚いたことに議会の流会が宣言される。

役場庁舎を占拠し、議会の開会を実力で阻止する行動である。なぜ、機動隊を導入して議会を開会しなかったのか、いまだに謎である。町長、議長が出動要請しなかった、要請したが機動隊が動かなかった、二つの話があるが、後者は考えにくい。

反対派の行動がなければ、議会同意で間違いなく町有地は売却されていた。それで、住民投票運動が敗北に終わったとは思わないが、その後の運動の展開はまったく違うものになっていただろう。その意味で、住民投票の住民意思を守ってくれた反対派の実力行動には無条件で感謝しなければならない。同時にまた、町当局が機動隊の出動を要請しなかったのだとすれば、それを躊躇させたのは、やはり自主管理住民投票の結果が持つ力であっただろう。

翌日の『新潟日報』は次のように論評した。

「住民投票が終わった直後で、自分たちの町議選が目前という時期の提案に推進派としても強行採決に踏み切るだけの土壌はなかった」

佐藤町長は町有地売却の3月定例議会への提案を見送り、4月の統一地方選挙町議選での決着を選択する。この時点で、佐藤町長はよもや推進派が選挙戦で敗北するとは思っていなかっただろうが、佐藤町長はその判断の誤りをすぐに思い知らされることになる。

2 町議会選勝利と住民投票条例の成立

1995（平成7）年3月24日、新潟県弁護士会人権擁護委員会が「佐藤町長と教育委員会の町営体育館の貸し出し拒否は地方自治法に違反し基本的人権の侵害にあたる」として、両者に警告を発した。

同年4月24日は統一地方選の一環、巻町の町議会議員選挙である。この選挙もまた、負けられない闘いとなる。選挙で原発推進派が多数を維持すれば、それこそ法に基づく正当な手続きによる住民意思であるとして、佐藤町長は大手を振って町有地を東北電力に売却する。機動隊の導入にも今度は躊躇しないであろう。

ただ、負けられない選挙であるとはわかっていても、「実行する会」の中に議員をやりたい者など一人もいない。反対運動の住民団体も同じである。巻町議会は定数22のうち原発推進派が17議席を占めている。住民投票条例を成立させるためには、過半数の12名が必要である。条例制定に賛成の大沢喜一氏ら村松派（前回の町長選で佐藤莞爾と争った村松治夫を支持するグループ）の町議3名と革新政党の2人が立つほか、町長選で敗れた村松と保守系新人の土田年代氏の2人が条例制定賛成の立場で立候補を表明していたが、さらに5名の条例制定賛成の新人が立候補して当選を果たさなければならない。

金権選挙がまかりとおり、地縁血縁でがんじがらめ、大きな争点など吹き飛んでしまうのが巻町の町議選だ。その町議選に条例制定を公約に掲げて勝利をおさめる。これもまた気の遠くなるような話である。しかし、「地主会」「住みよい巻町をつくる会」は中村正紀氏の妻勝子氏を説き伏せてくれ、また「青い海と緑の会」からは相坂氏の妻滋子氏が立ってくれることになった。「実行する会」では、幹事長の菊池誠氏と私の妻高島敦子が立候補を承諾してくれたほか、最後にもう一人、住民投票運動の途中から「実行する会」に参加し、その発言と熱心な行動が目をひいていた大越茂がみんなの要請を受け入れてくれた。大越は、もとは佐藤町長の支持者であったが、原発推進に納得できず、先の町長選挙から原発を止めるための行動に転じた人物である。相坂氏の選挙事務所に顔を出したこともあるという。農家の大黒柱であり、議員になれば農作業にただちに支障が出る。躊躇するのは当然であったが、農繁期には農作業を手伝うという「実行する会」の農家仲間に背中を押され、覚悟を決めてくれた。大越は1999（平成11）年4月の町議選の後に「実行する会」の代表に推されることになる。しかし、「実行する会」からこれ以上候補を立てることは不可能であった。

表5　坂下候補と梨本候補と交わした覚書

覚　書

巻町議会議員選挙予定候補者○○○○を甲、巻原発・住民投票を実行する会を乙として、甲乙は、今次町議会議員選挙に関し、協議の結果、次の事項を確認した。

1　甲は、乙が実施した巻原発住民投票で示された巻町民の意思を尊重し、今次町議会議員選挙において当選した場合には、公約を同じくする他の議員と協同して、巻原発住民投票条例を制定し、巻原発建設の是非について町民の意思を確かめる住民投票が速やかに実施されるよう努力することを確認する。

2　乙は甲を巻原発住民投票条例制定の賛同者と認め、その当選を期し可能な限りの支援をする。

甲乙は、右事項を誠実に履行することを相互に確認し、本書二通に署名捺印の上、各一通を所持することとする。

平成7年○月○日

甲　○○○○
乙　巻原発・住民投票を実行する会
代表　　笹　口　孝　明

全員が当選して初めて12名。町議会の過半数を占めるぎりぎりの数字だ。まだ足りない。この状況をみて、「実行する会」に近づいてきたのが保守系新人の坂下志と梨本国平の二人であった。坂下は農協関係者、梨本は建設会社社長でいずれも原発推進の立場であることは明らかであったが、落選したくない一心で、住民投票条例制定には賛成するとして、応援を求めてきたのである。危ういことではあったが、他に候補を見つけられない以上はやむを得ない。まさかのときの保険措置、「実行する会」は二人に面接してその意思を確認し、覚書（表5）を交わしたうえで、二人の選挙を応援することにした。「実行する会」には坂下の同級生も数名おり、約束は必ず守らせるという。

これで、4月23日投開票の町議選は、全立候補者31名、うち原発推進派17名、住民投票条例制定派14名の立候補の構図が確定した。新聞には「反対派、共倒れの恐れ」「読めない全国区票」といったさまざまな記事が掲載された。本格的な選挙などほとんど経験がなく、「実行する会」の内部ですら地区割り票割りなど思うようにはできない。原発反対派候補ともいたるところでバッティングする。ときには抗議合戦になることもあった。ただ、候補者らはそれぞれの人脈をつてに地道な選挙運動を積み重ねて、手ごたえをつかみ、票読みの精度を徐々に上げていった。

投票日翌日。『新潟日報』紙上に「原発に急ブレーキ　巻町議選　反対、住民投票派12人当選」「春の嵐　歓喜の声」という見出しが踊った。原発推進派の現職6名が落選し、住民投票条例の制定を公約として掲げた新人7名を含む12名が議席を獲得した。大方の予想を覆す住民投票派の勝利であり、上位当選者3名が女性（住民投票派）というのも、かつての巻町議会選挙からは考えられない結果であった。多くの町民が地縁血縁の縛りを抜け出して、原発住民投票の実現を望んだのである。繰り返すが、この勝利の源は「自分も行動すれば何とかなる」という勇気と自信を町民にもたらした自主管理住民投票の結果にあったと私は考えている。

もっとも、票割り票読みの難しさなどから、「実行する会」の菊池誠氏と土田年代氏が落選してしまった。条例制定賛成派が過半数を占めるかたちで勝利したというものの、本心は原発推進である坂下、梨本を加えた12名であったことで、その後の混乱と紛糾を予感させる選挙結果でもあった。

条例制定派の当選議員の集まり（後に住民投票条例が制定された1995〔平成7〕年6月26日から、この議員団は「二六会」と称することになった。以下「二六会」）で、6月議会において住民投票条例を提案する方向が確認されるが、坂下、梨本は条例の中身に何かと難癖をつけて、早くも逃げの姿勢をあらわにした。原発推進派からの二人に対する切り崩し工作も露骨に行われる。そして、6月26日の条例案採決の日までに二人が「二六会」から離脱することは決定的になっていた。反対多数で住民投票条例案は否決される、みんながあきらめ、否決後の闘いに思いを馳せていた。

ところが、ここでまた思いもかけないことが起きる。本会議での採決の結果、条例案が可決成立したのである！「二六会」の女性議員には、坂下か梨本が翻意してくれたものと勘違いして涙を流す者もいたが、そうではなかった。推進派の一人が賛成と反対を間違えて投票したというのが真相である。

天の恵みというしかないが、ともあれひとたび「施行日から90日以内」の住民投票実施を町長に義務付け、「町長は住民投票に示された町民過半数の意思を尊重しなければならない」とする巻原発住民投票条例が可決された意味は大きい。町民は、町による住民投票が実施されるものと期待したし、それだけにまた、直接請求運動[9]によって、住民投票条例を改正し、住民投票の実施を阻む動きに出た原発推進派に対する町民の怒りも大きくなったからである。

佐藤町長は住民投票条例を再議[10]という手段で葬ることもできたが、さすがに自主管理住民投票に示された民意を無視し、議会で可決された条例（議会の意思）まで無視する町長ではリコール必至と考えたのか、それとも自らは手を汚さずにすむ条例改正直接請求の方針が決まっていたのか、佐藤町長は再議を見送った。

3　原発推進派の住民投票条例無効化の策謀

何としても住民投票の実施を阻止したい原発推進派は、住民の直接請求のかたちをとって条例を改正し、住民投票を先送りすることを画策した。条例改正の中身は、「条例の成立公布後90日以内の実施」とある住民投票を「町長が議会の同意を得て実施する」に変更するものであった。佐藤町長であるかぎり、住民投票が実施されることはない。彼らの一貫した妨害行動は、住民投票が実施されれば原発反対票が圧倒的多数を占めるであろうことを、じつは彼ら自身が最もよく知っていたことの証左でもある。彼らが妨害行動に出れば出るほど、そのことが町民にも明らかになっていく。

推進派は1995（平成7）年7月29日署名運動をスタートさせ、8月7日支持者約2000名の署名簿を添えて選挙管理委員会に条例改正直接請求書を提出した。推進派は坂下、梨本を自派に取り込んでおり、議会で条例が改正されることは確実である。所定の手続きを経て、9月12日佐藤町長は改正に賛成の意見を付して議会に条例改正を提案した。「二六会」は条例の無体な改正を阻止すべくあらゆる手立てを尽くして抵抗を試みたが、10月3日の深夜、改正案は10対10（1名病欠）、原発推進派議長の決裁で可決された。住民投票の実施は絶望的となった。

4 佐藤町長リコールと笹口町長の誕生

しかし、住民投票の実施こそ阻まれたものの、住民投票条例そのものは生きている。そこに住民投票の実施を拒む町長がいるだけだ。住民投票を実施する町長を誕生させれば、住民投票を行うことができる。

原発反対派の人たちは、佐藤町長に交渉を申し入れ、住民投票の実施時期を示すよう追及していた。のらりくらりとかわしていた佐藤町長であったが、1995（平成7）年10月16日の原発反対派グループとの交渉の席上、遂に本音をもらす。

「住民投票の目的は原発建設についての町民の賛否の意思を明らかにするもので、原発予定地内の町有地の売却問題について実施されるものではない」と発言したのだ。

これで住民投票を実施しないまま、町有地を東北電力に売却するという町長の腹の内が全町民に知られるところとなった。

住民の声をいっさい聞こうとしないばかりか、住民が意思を表明することすら妨害し、ひたすら東北電力に町有地を売り急ぐ町長の意図は何なのか、いったい誰のための町長なのか。「実行する会」はもちろんのこと、長く苦しい1年間を闘い抜いてきた町民の怒りは頂点に達した。

町長リコールはここをおいてない。

「実行する会」は、1995（平成7）年10月20日巻町役場に赴き町長解職請求（リコール）の手続きを確認することから、行動を開始した。町長に面会も求めたが、案の定、町長は応じない。10月27日「実行する会」は記者会見を開いて町長のリコールを宣言した。

ただ、リコールは私にとっても初めての仕事である。具体的手続きの調査、法律的な問題点の検討から始めなければならない。だが、裁判所の資料室にも直接請求運動の詳細を記述した書物は見つからない。

そこに思わぬ人が手を差し延べてくれた。某テレビ局の記者が、直接請求に関する自治省監修の手引書「直接請求制度の解説」の全頁をコピーして、しかもそれを原書そっくりに製本までして、私に提供してくれたのだ。署名簿の様式、署名集め受任者の選任方法、署名を集める際の注意点、署名の有効無効の判断基準、自治省の通知通達等、リコール運動のすべてが揃っていた。選挙管理委員会への各種届出等に必要な手続の確認、受任者が署名を集める際の注意事項書の作成など、私の準備作業は一気に進んだ。

リコール宣言の日を10月27日にしたのには意味があった。前記の体育館使用許可取消し処分による損害賠償請求訴訟の判決日が10月31日と指定されていた。その判決で佐藤町長の違法行為が認定されることは明らかである。この判決を受けてからのリコール宣言では、町民の声を聞かず、住民投票実施の前に町有地を電力に売却しようとする町長のリコール、その最も重要な趣旨が薄められることになりかねない。本筋の理由でリコールを宣言し、住民の基本的権利を侵害した町長の違法行為はダメ押しに使うほうが効果的である。10月27日のリコール宣言の4日後に出された判決が、佐藤町長に町長失格の追い打ちをかけた。

リコール運動については、「実行する会」と反対諸団体が一体となった新団体を結成してやってはどうかなど、実施体制に関する議論が行われた。しかし、それまでの運動の経過から、「実行する会」への一般町民の受け止め方がどうなるかという不安もある。「実行する会」内部での議論、反対諸団体との話し合いを重ね、リコールを請求する団体は「実行する会」単独とし、反対諸団体には「実行する会」との緊密な連絡のもとに署名集めに協力してもらうというかたちに落ち着いた。

請求代表者を複数にしたほうが署名集めに能率的ではないかという意見もあった。しかし、町長リコールの後に来るのは町長選挙である。誰も口には出さないが、「実行する会」の町長候補は笹口孝明氏以外にはいない。老舗の造り酒屋の跡取りで保守の人、「実行する会」の代表者として、その笑顔はテレビから毎日のように茶の間に届けられていた。リコール請求は、事実上、町長選のスタートであり、請求代表者は笹口氏一人でなければならない。

1995（平成7）年11月15日署名集めがスタートした。署名収集期限は12月14日。ものすごい勢いで署名が集まる。11月23日の集計で、署名数はすでに7000名を超え、法定数である有権者の3分の1＝7704人に迫っていた。署名集めを期限の1週間前に打ち切り、12月8日選挙管理委員会に提出した署名数は1万231名に達していた。署名を提出した日の夜、敦賀市高速増殖原型炉「もんじゅ」でナトリウム漏洩事故が発生する。

12月15日、佐藤町長はリコール投票を待たず、議長宛てに辞表を提出した。

1年前に始まった自主管理住民投票運動以降、いずれも容易ならざるさまざまな闘いの中で、リコールは町民にとってそれまでとは明らかに質の異なる運動である。

住民投票も、町会議員選挙も、投票者は匿名でよかった。誰がどのように行動したかはわからない。しかし、リコールでは住所氏名を自署することが必要である。署名簿は選挙管理委員会に提出され、一般の縦覧にも供される。誰が署名したのかが白日のもとに曝される。佐藤町長の目にも触れる。その意味で超えるべきハードルはそれまでの行動とは比べものにならないほど高い。

果たしてリコールは成功するのか、不安がなかったと言えば嘘になる。ところが1万人を超える町民がいともあっさりとこれを飛び越えた。原発推進勢力のあまりにもひどい振る舞いへの怒りもあったであろうが、これもまた自主管理住民投票の結果が町民に与えた勇気と自信を抜きにしては考えられない。

町長の辞職を受けて、1996(平成8)年1月町長選挙が行われる。原発推進派は候補を立てることができない。ただ、無競争反対という人物が立候補したため選挙戦にはなり、その結果は、笹口孝明当選8569票、長倉敏夫991票であった。ほとんど無風の選挙にかかわらず、8569名もの人が投票所へ足を運んでくれたところに、住民投票の実施を願う町民の強い思いが見てとれる。

5　住民投票の実施と結果

1996（平成8）年3月、坂下、梨本の寝返りで推進派が多数を占めていたため、町長と議会の協議は難航したものの、原発建設の賛否を問う住民投票を8月4日に行うことが議会決定された。その後約5カ月間にわたって、推進反対双方の総力戦が繰り広げられる。

東北電力、推進派はあらゆる手段を尽くして賛成投票を町民に訴え、国（資源エネルギー庁）も数十回町内で講演会、説明会を開催した。原発推進の全国組織、巨大な産業ネットワークである「日本原子力産業協会」も総力をあげて巻町に襲いかかってきた。遠方の親類縁者から、あるいは子供たちが勤務する全国の企業などから町民に「賛成」投票を求める電話があり、文書が届けられた。また、条例には投票運動に関する制限は設けなかったため、金に糸目はつけない電力、推進派の定番である「飲ませ食わせ」も町のいたるところで繰り広げられた。テレビカメラが、割烹からお土産片手に千鳥足で家路につく酔客たちや、店の裏口からこっそり抜け出る東北電力社員の姿を幾度となく映像に捕らえた。

5月17日には、町が主催し賛成・反対双方の代表者が意見を述べ合う「原発建設問題に関する町民シンポジウム」も開かれた。

ただじつは、「実行する会」のメンバーの多くは、「町民シンポジウム」の開催に不満であった。「実行する会」での議論はないまま開催が決められたもので、私もある新聞記者からの抗議の電話を受けて初めて開催を知ったことであった。

「先生、原発シンポジウムって何ですか？　『実行する会』は、巻町民は原発について判断できる知識も情報もすでに十分持ち合わせているといって、住民投票の実施を要求してきたのではないですか？」

もっともな指摘であり、私もこのことでは議員である妻に苦言を呈したが、後の祭りである。私には、推進派にも平等な機会を保証して公平な立場を装いたい町長のパフォーマンスとしか思えなかった。住民の意思の表明すら徹底的に妨害し続けた原発推進派に対して、その主張を町民に訴える対等の機会を付与してやる必要がいったいどこにあるというのか。条例が「議会の同意を得て」と改正されていたことで、推進派が多数を占める議会の同意を得るための譲歩であったのかもしれないが、それにしても、「実行する会」に意見を求めてからにしてほしかった。

過去25年の長きにわたって町民の間に蓄積された原発の問題点に関する豊富な知識、推進反対双方の主張に対する評価等を踏まえて、１９９６（平成８）年８月４日巻町民が出した結論は、投票総数２万５０３票（投票率88・29％）、原発建設反対１万２４７８票（60・86％）、賛成

7904票（38・55％）であった。自主管理住民投票の成功からこの日に至る経過を知れば万人が予測しえた結果であるが、住民無視の原発推進、住民投票の徹底的な妨害に対する町民の怒りが投票箱にあふれ、「原発建設は認めない」巻町民の意思はここに法的根拠をもって確定したのである。

注

(9) 住民が一定数の署名を集めて要求することで、地方公共団体に一定の行動をとらせることができる地方自治法上の制度。首長、議員のリコール、議会の解散、条例の制定、改廃などが認められており、それぞれに必要な署名数が法定されている。条例の改正に必要な署名数は有権者数の50分の1であり、巻町の場合500人（正確には約466名）で十分である。

(10) 再議とは、首長の議会に対する対抗措置として地方自治法に定められているもので、首長は議会の議決に不満であれば、その再審議（再議）を求めることができ、議会が再び同じ議案を可決するためには出席議員の3分の2以上の賛成が必要とされる制度である。条例制定派に3分の2の議席はないから、再議となれば、条例案は否決されることになる。

第5章　その後の運動の停滞

1　笹口町政への失望

全国の耳目を集めるほどの熱気と勢いで自主管理住民投票を成功させ、原発推進派が圧倒的多数を占める議会をひっくり返して住民投票条例を制定し、さらに住民投票の実施を妨害する町長をリコールして、わずか2年足らずで文句のつけようのない原発反対票を叩き出し、原発建設拒否を町の意思として確定させた巻町民。しかも、これらの運動を先頭に立って推し進めた団体「実行する会」の代表が町長の座に就いている。住民投票を血のにじむ思いで実現して、原発建設反対という結果を手にした町民はみな原発問題の早期解決を予測し、それを期待した。町外の人の目にもそのように見えたはずだ。しかし、以後の展開はそうはならなかった。

なぜ東北電力に原発白紙撤回を言わせるまでに、その後7年半もの長い時間を必要としたのか？　しかもその決め手となったのは次章で述べる町有地の買取り、見方によっては姑息ともいわれかねない手段である。こうした奥の手によってしか、原発阻止を成し遂げることができなかった理由は何なのか？　多くのマスコミが住民投票運動を追い、多数の学者、研究者が足しげく巻町に通い、巻町のその後をも追い続けたが、こうした疑問を抱いた人は果たして何人いたのだろうか。私の知る限りでは一人しかいない。

私は、笹口町政に失望した。町長当選後、初めての「実行する会」の会議で彼の口から驚くべき発言が飛び出す。

「『実行する会』は解散して、笹口孝明後援会になってください」「これからの住民投票、原発のことは僕に任せてください」

彼のワンマンな性格については小耳に挟んでいたし、それと気づかされる機会も少人数の会合で何回かはあった。しかし、1年ちょっとの間の「実行する会」の会議の席などで、彼のそのような言動を見たことはなかったし、自分の意見が多数意見で退けられる場面でも、彼は呵々大笑し、むしろ懐の深さを感じさせる振る舞いに終始していた。

それが町長当選で一変してしまった。

みんなで議論を戦わせ、力を合わせて住民投票を目指した1年と数カ月、われらの町長をも実現して、さあこれからというときに、「会は解散して、あとは僕に任せてほしい」とは？いったい何を言い出すのか？

誰もがその発言の真意を図りかねて、しばし事務所内には沈黙の時が流れた。誰からも干渉されず自分の思うがままに町政をやりたいという彼の意図はすぐにわかったが、私にも過去数十年をかけて闘ってきた原発阻止への思いがある。

この先にある住民投票、原発阻止の闘いを笹口氏一人の判断に委ねることなど、ありえないことだ。私の口調は激しくなり、勢い猛反対の弁舌に出た。彼は彼で、顔を真っ赤にし、頬を膨らませて不満を表していた。当然のことだが、メンバーみんなからも次々に反対の声があがる。

彼の要求は退けられて「実行する会」は存続することになり、住民投票の実現に向けて会議を重ねていくことにその場はおさまった。しかし、笹口町政の8年間は、彼のこの日の発言そのままに展開されていくことになる。町政の最終決定権者は町長一人、誰の言うことも聞く必要はない。「実行する会」でさえ、彼の同意を得られないかぎり、何を決めてもそれを実現することはできない状態が続くこととなった。

その心配は、前章で触れた「町民シンポジウム」の開催決定もそうだが、条例に基づく住民投票が実現された後の彼の振る舞いに端的に表れる。原発反対の明白な町民意思を受け、今度は、その町民意思にそって、原発のない町をどのように実現するかが町の最重要政策課題となる。「実行する会」の意見は、町長に、住民投票の結果を持って東北電力と国に出向き、巻原発計画の断念を求めてもらおうということにまとまった。

しかし、笹口町長の回答は「否」である。

「僕の支持者には原発推進派の人もたくさんいる」「反対派のようなことはしたくない」

町長として町民意思の実現を目指すなら、論をまたないいろはの行動である。それすらできずに、彼は町民のためにいったい何をするというのか。

「町民の血と汗の結晶ともいうべき住民投票の結果だ。実行する会はその結果を必ず実現すると町民に約束してきたではないか」「電力、国に原発断念を求めるのは町長としての当然の責務だ」

会議の場で私は必死に彼を説得した。もちろん「実行する会」メンバーの意見もみな同じである。

笹口町長はこの場面では、「実行する会」の要求を受け入れざるを得ず、原発建設白紙撤回の申し入れに、東北電力新潟支店と資源エネルギー庁に出向いた。しかし、申し入れはこれが最初で最後、その後一度東北電力社長に面会申し入れをしたことがあったが面会は実現せず、彼が同様の行動を起こすことは二度となかった。彼は本当に嫌だったのだろう。

その後、「実行する会」新年会の席で、「あのとき、電力と国へ行ってもらわなければ『実行する会』の住民投票慰労会もできない、と言われたことが僕にはがまんがならなかった」と、わざわざ私の席に苦言を述べにきたほどなのである。

こうした振る舞いに象徴的に示されたが、彼には原発反対の町民意思を自分の手で実現する気がまえなど端からなかったのではないか。条例にある町長の「住民投票結果の尊重義務」も町有地を東北電力に売らないこと、ただそれだけでよいと考えていたのではないか。そう思わせるほど、彼は何もしようとしなかった。「原発反対」の町民意思が明確になった以上、彼が行った原発推進関連団体からの巻町の脱退、後述する原発推進担当部署「電源立地対策課」の廃止、原発推進関連予算の排除などは、どれも町長としてなすべき当たり前の仕事にすぎない。国と東北電力に「やめる」と言わせないかぎり、巻町民が原発建設の不安から解放されることはないというのに、笹口氏の住民投票運動は条例に基づく住民投票の終了とともに幕を降ろしてしまったかのようであった。

原発問題を終わりにしようと思えば、それだけでただちに実現できるかどうかはともかく、町長としてやるべきこと、できることはいくらでもある。たとえば、相手が顔を見るのも嫌になるほど何度でも国、電力に足を運び、原発の断念を訴え続ける。マスコミも注目して報道してくれるし、町民のための町長の献身的な行動は評価され、住民意思を無視し続ける国、電力に批判の矛先が向けられることになる。国と電力に原発計画の白紙撤回を迫る町民集会の開催もあってよい。原発拒否の住民意思を負託された町長は、町民の総意を結集して国と電力に原発断念を求める町民運動をつくりだし、その先頭に立たなければならない。国民世論も後押ししてくれるはずだ。電力、国がどこまで耐えられるか。「実行する会」がカンパを募り、町に寄付することで、公共施設の屋根の一つに小さなソーラーパネルを乗せることができたが、それにとどまらず、町民の総意で原発を拒否した町として、持続可能な自然エネルギー設備の設置などを積極的に行い、全国に原発にかわるエネルギーの可能性をアピールしていくこともできるはずだ。

推進派が多数を占める議会の壁はあったが、町の広報誌の活用、町民学習会、講演会等の啓発活動を積み重ねることで、推進派の抵抗の理不尽さを町民に訴えていくこともできる。その気になれば方法はいくらでも見つかる。

原発に関する無為な町政は、時間の経過とともに、「ここまでやって原発は止められないのか」「結局原発を止める手立てはないのか」といった不安と無力感を町民の間に蔓延させていくことになり、逆に推進派は「まだ何とかなる」と原発復活の希望をつないでいくことになる。

しばらくのときをおいて、推進派は推進広報紙の町内全戸折り込みを再開し、原発施設等への住民見学会（宿泊を伴う旅行）など、住民投票前とまったく同様の原発推進活動を始めるに至る。私が最後まで躊躇していた、「実行する会」メンバーによる町有地の買取り（町有地買取りに関しては次章を参照）に賛同した理由の一つが、笹口町政への失望であった。

ただし、誤解のないよう一言付け加えておくと、私の笹口氏に対する感謝の気持ちは今も変わらない。町長になるまでの間、住民投票運動に彼の果たした役割は絶大だった。「実行する会」の代表としてマスコミ向けの的確なコメント、そして町民からは明らかに保守の人と見られていた彼の包容力のある笑顔、民主主義の原点を標榜し、「賛成の人も反対の人も、原発の是非は住民みんなの意思で決めよう」という「実行する会」のスローガンともあいまって、彼の存在が「実行する会」に賛同し行動を起こした町民にどれほどの勇気と安心感を与えたことか。

私が、条例に基づく住民投票の実現に至るその後のすべての流れを決定づけたものと確信する自主管理住民投票の成功は、彼抜きには語れない。原発反対運動とは無縁であった彼にそれ以上を望むのは私の贅沢というものなのだろう。

町政に口を挟めば決まって諍いになる。その後もこまかなことでの衝突はあったが、私はこのように整理して、しばらくして笹口町長とは距離を置くようになった。「実行する会」の会

（表６つづき）

せん。そこで、p244の３行目に「参謀」とありますが、私が念頭にあるなら、彼の「参謀」など最初からいないのです。

もちろん、言いたいことは山ほどありました。せっかくとった町政です。やりようによっては、全国で初の自主管理の住民投票をやった町として、町民の意思で原発を拒否することを決めた町として、他に例をみないような民主的な町づくりもできるだろうし、原発に頼らないエネルギーの発信基地として国のエネルギー政策の根幹を揺さぶるような多くのことがやれたはずだ、とは思います。しかし、それは贅沢というものなのです。……その笹口に頼らざるを得なかったのがわれわれなのです。そして、この地域、巻町住民も、そうした人物しか町長として選択できないという限界を有していたのです。私たちには２期目も笹口以外に選択肢はありませんでした（お話したかも知れませんが、土地収用の手段があり得る、最後は実行する会に対する町民の信用以外に住民投票の結果を守る手立てはない、と考えて、土地の売買に反対していた私がこれに同意したのも、笹口で戦わざるを得ないが、笹口は多くの難点の故に負けるかも知れない、この不安からの賭けでした。この地域、町民のもともとの限界が、或いは貴方が首を傾げる問題の一つの因子かも知れません）。そして、この笹口なしに住民投票運動の成就はありませんでしたし、今の巻町もあり得ませんでした。彼は、多くの限界を持ちながらも、町のため町民のために、実に多くの有用な仕事をしてくれたのです。……客観的に彼の果たした役割についての評価は、全町民にとってはもちろん、巻原発を止める、その１点で25年脇目もふらず運動を続けてきた私にとっても、いささかも揺らぐことはないのです。そしてまた、彼も、何の罪もない清酒「笹祝」を対立住民の只中にわざわざ放り込むような行動で、会社は甚大な損失を被り、大きな犠牲を払うことになっているのです。私が、今これまでの彼との関係を総括すれば、これら諸々のことすべてを差し引きしても、彼に対しては「感謝」が残るのです。……

表６　私がある著者に送った電子メール

p244 ～ 245 「町長と高島は１年ほど犬猿の仲だったという。」――どなたのコメントかはわかりませんが、きつすぎるようです。確かに指摘のとおりの事情で私と笹口との関係はうまくありませんでした。しかし、私が正面から笹口と対峙したのは、彼が町長にあった間に４回しかありません。１回目は、町長当選直後に、彼が「実行する会は解散して、親睦団体的なものになればいい」と言い出したとき（私は、実行する会立ち上げの最初の頃から笹口の性格的な問題には気づいていましたから、この時の発言にもとくに驚きませんでした。始まったか。彼には、実行する会の存在がもう煩わしくなっていたのです。町政は思うままにやりたい、と）。２回目は、条例による住民投票の結果を町民の代表として東北電力と通産省に伝えて原発計画の白紙撤回を求めてほしいと要求したとき。彼は、頭を下げることが嫌いで、受け入れてもらえないことが明らかな行動は嫌がりました。これも、何回も話してやっと実現したことでした。彼は、酒が進むと「あの時、国電力に行かないと、住民投票の慰労会もやれない、といわれたのには……」と今でも恨み言を言ったりします。３回目は、ご指摘の情報公開条例の内容に関してです。……４回目は、合併をめぐる議論のときです。笹口は何を考えたか、私にとってもほとんど思いつきだった両村に対する住民投票実施の要求にポッと乗ったのですが、関係者の拒絶反応の大きさに驚いて、これを撤回し再び合併に軌道を戻そうとしたことがありました。このときの議論は実に激しいものとなりました。笹口も「『実行する会』は笹口不信任と考えてよいか」と辞職まで匂わせて、会員みんなの一致した反対意見にギリギリの抵抗をしていました。……

……長くなりましたが、私と笹口の関係はこういうものです。笹口がまっさらな状態で私に意見を求めることはありませんし、私も上記のとおり、彼の性格等はよく理解できていましたから、私の方から町政をめぐる問題で口出しすることはありません。例外は意見を求められた情報公開条例だけ、原発をめぐるのっぴきならない問題以外に意見は言いま議にも、足が遠のく時期があった。

私の笹口町長に対するこうした評価と心情は、今から約10年前ある学者から著作原稿のチェック依頼を受けた際、私が彼に返信した電子メールの内容によく表れている。その一部を引用しよう（表6）。

笹口町長との意思疎通は困難な状況となっていた頃、町長選を翌年の1月に控えた1999（平成11）年8月のお盆前、田畑護人から呼び出しがあり、町有地売却の具体的な相談が持ちかけられることになった（詳しくは第6章2「なぜ町有地を買い取るのか」で述べる）。

2　坂下志町会議員のリコール

笹口町政の1期目に「実行する会」が行った運動として、町議坂下志のリコールがある。1996年（平成8年）12月議会に笹口町長が原発建設担当部署として設けられていた「電源立地対策課」を廃止する条例案を提出したのに対し、「実行する会」と「覚書」（第4章2、表5参照）を交わして当選した坂下、梨本両町議はこれに反対票を投じて、条例案は否決される（村松議員も反対）。「実行する会」は議員リコールを表明し、これを背景にして笹口町長は翌年

3月再度「電源立地対策課」廃止条例案を提出する。これに対し、梨本、村松議員は賛成に転じて条例は可決されたが、坂下議員だけは再び公然と反対票を投じた。

住民投票条例案反対にひき続く大胆で挑戦的な振る舞いである。住民投票条例の制定に協力し、その結果を尊重することは彼の選挙公約であり、選挙パンフレット等にも明記されていた。「実行する会」との単なる約束違反でなく、明確な選挙公約違反である。選挙公約で二枚舌を使われては、原発推進派が主張する「間接民主主義」すら成り立たない。嘘のうまさが政治手腕の一つであるかのような政治屋ばかりが目につく昨今であるが、主権在民、民主主義を掲げて闘い続けてきた「実行する会」として、巻町民の最大関心事にかかわる、これほど明白な公約違反を見過ごしにすることはできない。

ただ、この件では原発反対諸団体の理解を得ることが難しかった。原発反対運動とは筋がはずれていることは確かだし、運動疲れ、電源立地対策課はともあれ廃止になったではないか、あんな議員など相手にするに値しない……ということもあったのか、関心すら示してもらえない状態であった。

彼らは、「実行する会」が住民投票条例制定派候補の頭数を確保するために坂下、梨本両名に厳しい支援条件を付し履行の確約（「覚書」）をとりつけて応援し、まがりなりにもいったんは条例制定賛成派多数の議会をつくることができたいきさつやその過程での「実行する会」の苦労を知らない。なかには「こんなことでリコールされたら、少数派議員はみんなリコールされてしまう」と反対の弁を述べる政党関係者までいた。

坂下町議のリコールはほとんど「実行する会」単独での運動となった。笹口氏の町長当選後に代表代行となった菊池誠氏を請求人代表として、1997年（平成9）年4月21日リコールを宣言し5月9日に署名集めを開始した。ただ、署名収集人が佐藤町長リコール時に比べ10分の1くらいに減り、人手不足は明らかで、1カ月間に町内全域を何回もまわり、法定署名数を集め切るのは至難の業であった。署名数が有権者数の3分の1を超えたのは、期限5日前の6月4日のことである。法定数達成時にはみなほっと胸をなでおろしたものだ。

坂下は、署名簿を閲覧して、署名集めの方法に異議を申し立て、署名をした彼の知り合いに圧力をかけて、選挙管理委員会に異議の申し立てをさせるなど、徹底抗戦に出た。しかし署名法定数の有効性が覆ることはなく、9月8日に行われたリコール投票で、リコール賛成6077票、反対3015票で坂下は解職された。

坂下が「公開質問」の形で「実行する会」に寄せたリコールに関する質問に対する「実行する会」の回答書を資料として末尾に添付する（資料2）。

第6章 町有地買取りと裁判闘争

1 99年4月25日の町議選

東北電力は条例に基づく住民投票の結果を無視し続け、1999（平成11）年3月の新年度施設計画でも、巻原発は2002（平成14）年度着工予定であると平然と発表する。議会も、坂下、梨本が「二六会」を離脱したことで、推進派13人、住民投票結果尊重派9人となっている。この状況をどうやって打開するのか、「実行する会」結成以来、2回目となる町議選がやってきた。

原発を撤退に追い込む具体的方策も示されず、町全体が厭戦気分に包まれるなかで、候補者の擁立は困難をきわめた。候補者選びというよりは、目星をつけた人物に立候補を懇願する「お願い行脚」といってよい状態であった。何人の人に断られたことか。原発反対諸団体が早々に新人の擁立を見送るなか、「実行する会」は現職の大越、高島に加え、新人の大橋みゆき、堀田俊夫、それに前回残念ながら落選した土田年代氏の計5名を会内候補として立て、闘うこととした。大橋みゆきは大橋四郎氏の長女で飲食店経営者、堀田氏は「実行する会」立ち上げの頃からのメンバーで町で左官業を営んでいた。いずれも再三にわたる「実行する会」の要請を最後には受け入れてくれた。全員当選を実現できれば、反対派候補等と合わせて住民投票結果尊重派で定数22名の半数を占めることができる。

しかし、やはりこの選挙は難しかった。推進派は巧みに原発の争点化を避け、町民も、前回町議選、町長リコール、住民投票と続いた当時の熱気を失いつつあった。新聞も「原発は争点にならず」「前回と一転、静かな選挙」と報じた。

結果は、「実行する会」の大越、堀田氏が落選し、議会での劣勢挽回は叶わなかった。リコールしたばかりの坂下も復帰した。新聞の見出し「消えた追い風　脱原発険し」が、この選挙戦の雰囲気とその結果を端的に言い表していた。

巻原発情勢をめぐり１９９９（平成11）年8月2日から『新潟日報』に掲載された連載記事

の見出しは、「推進派じわり活動強化」「『実行する会』に危機感」「〝普通の町〟に評価二分」「活性化に根強い『原発待望論』」「『笹口降ろし』へ着々」「町有地売却に火ダネ残る」であった。

2 なぜ町有地を買い取るのか

笹口町長は、1999（平成11）年6月には内々に二期目出馬の意向を示し、「実行する会」も準備作業に入った。その過程で、町有地売却の話が持ち上がってくる。「実行する会」の会議で何人かが口にしていた。笹口は果たして勝てるのだろうか。笹口が負けて推進派の町長になれば、住民投票の結果などおかまいなしに町有地を東北電力に売却されてしまう恐れがある。町有地売却は、笹口町長誕生後かなり早い段階から、誰彼となく口にしていたことではあった。電力の手の届かない状態にすれば心配ないではないか、と。

ただ、私はその意見には一貫して反対であった。住民投票は「実行する会」に対する町民の信頼と支持のもとで実現されたものである。町有地を買い取って町から切り離したところで、最終的には土地収用という強硬手段が国、電力には残されている(11)。その強大な力に対抗できるものがあるとすれば、それは、原発建設は認めない、町民意思を踏みにじる強権的な土地の収奪、土地収用法の適用など決して許さないとする町民世論の力以外にない。そして、その世論は「実行する会」に対する町民の変わらぬ信頼と強固な支持があってこそ維持されるものである。

町有地の買取りは、後に説明する理由で町民にも秘密裏に進めるほかなく、いかに町民意思の実現のためとはいえ、「町のことは町民みんなの意思で決めよう」というこれまで「実行する会」が町民に対してとってきたスタンスとは正反対の行動とならざるを得ない。町民の反発が避けられず、もし理解が得られないとすれば、「実行する会」は最も大切にしなければならない町民の信頼を失ってしまうことになる。私が町有地の買取りを躊躇していた理由はそこにあった。

「実行する会」のメンバーと意見を交わしながら、私が最終的に考えを翻すに至ったのは、「二六会」大沢喜一議員の次の言葉であった。8月10日夜、呼び出されて出向いた田畑宅には、「実行する会」代表の大越、赤川、大橋みゆき議員、竹内文雄議員、大沢喜一議員がいた。全員が町有地を買い取るべきであるという意見で一致していた。

大沢議員は次のようなことを述べた。

「私はずっと原発推進の立場で政治活動をしてきた。その立場を捨て、支持者たちを説得して住民投票運動に与して今日まできた」「それが、この町長選挙で負けて、町有地を東北電力に売られて御苦労さまでは立つ瀬がない」「笹口さんが勝てる保証はない。もし選挙に負けても、笹口さんは残任期内にこの土地の処分をやってくれるのだろうね」「また『実行する会』もそうしてくれるね」

私も、笹口町長の再選に不安を覚えてはいたが、町役場内の町長評や町民保守層の空気をよく知るベテラン議員大沢氏のこの発言はショックだった。負ければ、推進派町長のもと、議会も「二六会」は少数派、住民投票条例の廃止（町長の結果尊重義務の消滅）、原発推進決議……、何でもできる。そして、町有地は東北電力へ売却され、すべてが水の泡である。町長選の結果次第で、その脅威はただちに現実のものとなる。他方、前に述べたことから、笹口氏が再選を果たしても町民意思の実現に向けてどれほどの前進があるのかについては、悲観的にならざるをえない。後に起こりうるさまざまなマイナス要因に目をつむって、町有地を買い取るしかなさそうだ。

町有地の緊急避難としてわれわれの手で町有地を買い取る。私も覚悟を決めてみんなの意見に従うことにした。そこから、売買の法律問題の検討、契約内容をどうするかなど、町有地買取りに向けた私の準備作業が本格的に始まった。

ただ、「原発反対派のようなことはしたくない」笹口町長が果たして売却に応ずるのか、私には懸念もあった。前後関係ははっきりしないが、私から笹口町長に町有地の売却を持ち出したときの彼の最初の反応は、心配したとおり、「そんなことをして僕だけ責任を追及されるのは嫌だ」であった。しかし、「実行する会のメンバーが買主になるから一人ではない。訴えられるときはみんな一緒だ」という私の説明に、彼は意外なほどあっさりと納得し、売買を応諾した。「実行する会」主要メンバーの一致した意見であったことと、半年後に迫った今度は自分から言い出した二期目の町長選のことが念頭にあったのかも知れない。買主を「実行する会」のメンバーにするのは町長を説得するための方便ではない。裁判をも視野に入れたとき、どうしてもそうしなければならなかったのである。

3　町有地買取りのために克服すべき法律上の課題

町有地を買い取るとして、そこには注意しなければならない法律上の制約がいくつもあった。前述したように、買受町有地は、議会の承認はいらず町長の権限で売却が可能な面積の範囲内にある。ただ、町長単独で売却はできても、自治体財産の売却は原則として「一般競争入札」によらなければならないとされている（地方自治法234条）。この規定は、自治体首長の専横を防ぐ目的はもちろんだが、町の財産はまさに町民みんなのもの、何らかの利益を伴うものならば、町民全員に買受け機会が保証されなければならないし（機会の均等）、その代金も可能なかぎり町にとって有利なものでなければならない（価格の有利性）という趣旨に基づくものである。これが「一般」（広く機会を保証する）、「競争」（競争で価格は上がる）、「入札」（公正な手続き）の意味である。

その例外として認められているのが、特定の者との間で特定の価格で契約を締結することができる「随意契約」の方法である。法はその要件を「契約の性質または目的が競争入札に適しないもの」と定めている。この要件を満たさなければ、随意契約による売買は地方自治法に違反して無効とされてしまう。後に原発推進派が売買無効を主張する裁判の主な理由としたのも、この点である。

まず、普通の土地売買であるから、契約の「性質」が「一般競争入札に適さない」とはいえない。該当するのは「目的」のほうである。町有地の売却目的は、住民投票に示された住民意思の実現であり、そのことによって原発問題とそれをめぐる町民同士の抗争を終結させ、町政の安定、町民の福祉を図ることにある。こうした目的の売買である以上、これを一般競争入札に付することはできない。一般競争入札になれば、東北電力やその意を受けた者、あるいは東北電力への転売を狙う者などが高額の入札をし、そのいずれかが所有権を取得してしまうことが確実であって、それではこの売買をすることの意味がない。この売買の目的を達成するためには、目的に適う特定の相手方買主への売却、すなわち「随意契約」が許されなければならない。

そこで重要になるのが、その相手方となる買主である。売買目的に適した買主であることが、この売買を随意契約で行うことを適法有効とするための最も重要な要件ということになる。だとしたら、町長にとって一見明白にこの条件に適合する買主は、自主管理住民投票運動の最初から「原発建設の是非は住民の意思によって決めるべきこと」を主張し、町長と闘いを共にしてきた「実行する会」のメンバー以外にはない。買主はこのなかから選定されなければならない。「実行する会」のメンバーが買主であるかぎり、推進派も買主の売買目的との適合性を争うことはできないであろう。

もちろん、買主としての適格性は一般町民の目にも明らかであることが望ましい。この点が曖昧で、一般町民にとってどこの誰かわからないような買主では、売買の目的そのものに疑いの目が向けられることにもなりかねないからである。この観点からも、買主はその全員が町民にもよく知られた「実行する会」のメンバーでなければならない。

念のため、売買契約書には次の条項も設けた。

第一条（目的） 本件土地の売買は、「巻町における原子力発電所建設に関する条例」第三条第二項にもとづき、平成8年8月4日実施された巻原発住民投票に示された巻町町民の意思を町政に反映することを目的とする。

第二条（買受人） 本日甲（巻町）は、前条の目的を確認し別紙誓約書を提出して本件土地の買受けを申し出た乙らに対し、各均等の持分で本件土地を売り渡し、乙らはこれを買い受けた。

町長宛てに買受人らが差し入れる誓約書は次の内容である。

一 私は、平成8年8月4日の巻原発住民投票に示された町民意思を実現するために行われる本件土地売買の目的を確認し、その目的に沿って、本件土地を所有管理し、定められた契約条項を遵守することを誓約します。

一 万一私が、右誓約に反したときは、氏名、事実の公表その他いかなる不利益取り扱いを受けても何の異議もありません。

実際のところ、後に提起された裁判において、原告らから、買主らが売買目的に適う人物かどうかの適格性が争われることはなかったし、買主の誰一人として、その適格性を確かめるための被告（買主）本人尋問を申請された者はいない。

ところで、これまで述べたところからは、その「目的」一つで本件売買が一般競争入札に適さないことは明らかであって、一般競争入札を原則とするもう一つの理由「価格の有利性」は問題にしなくてもいいのではないかとも思われる。買受町有地は海に面した荒地で墓地跡地、財産的価値はほとんど認められない土地である。その客観的価値に見合った売買価格でありさえすれば、その金額にこだわる必要はないのではないかという考えも頭をよぎる。「実行する会」みんなの負担も考えなければならない。

しかし、前述したとおり、町有地の買取りはあるいは禁じ手とも非難されかねない手法である。町長、買受人そして「実行する会」が、違法な売買で町有財産を盗み取ったなどという批判に曝されるようなことがあってはならない。まかり間違えば、一気に形勢逆転の恐れさえある。この売買では万が一の失敗も許されない。「代金が安すぎる」「町に損害を与えた」などの攻撃の口実を与えないためには、「価格の有利性」にも留意しなければならない。大事をとって、買取り代金は佐藤町長が臨時議会で東北電力に売却しようとしたときの価格を下回らないようにするしかない。買うのは炉心予定地に近いほうの1筆でよいが、それでも面積は約225坪、その価格は坪約6万7000円、代金1500万円となる。検討過程では土地の分筆、分割売買の話なども出たが、煩瑣な手続き、情報漏洩の恐れなどから見合わせた。間違いなく捨て金、戻ってくることのないお金である。協力可能な「実行する会」のメンバーを多めに50人と見ても、その負担は決して小さくはない。法的判断を踏まえてのこの代金額の提示にはさすがに勇気を必要とした。

しかし、心配は無用であった。町有地の買取りを主張した人たちは皆この代金額にすることに理解を示してくれた。ただ、これほどの金額をただちに用意できるかどうかは別問題である。その見通しをつけるため、数名で手分けして一定範囲の人たちに拠出の可否を打診することとなった。なかには「それだけでいいんですか。そんな負担で原発を止められるなら安いものです」と言ってくれる人もいたが、一人150万円見当、容易ならざる金額である、資金拠出に応じるにはそれぞれに重い決断を必要とした。買取りを決めてから1週間を経て十数名の者で1500万円を確保できる目処がついた。

この売買は後述する理由で極秘裏に進める必要があった。準備を整えたうえで一気に実行しなければならない。この議題だけはオープンな会議に諮るわけにはいかない。町有地買取りに関する「実行する会」全体への説明と承認、買主の引受けと金員負担を要請する会議は、売買契約締結の直前まで待つこととなった。

なお、後述する町有地返還訴訟の判決理由からすると、代金額で無理をしたことは決して無駄ではなかったし、むしろ必要ですらあったことが明らかとなっている。新潟地裁、東京高裁とも、1500万円の売買代金額を、この売却行為に町長の裁量権の逸脱も濫用もないとする判断の重要な根拠の一つとして認定しているからである。

新潟地裁の判決文から引用する。

本件土地の売却代金1500万円は佐藤町長が平成7年2月に東北電力に売却しようとしたときの価格を上回るものであり、価格の有利性を著しく害するものではなかったことを認めることができる。

法的な問題は「随意契約」のほかにもある。この売買は秘密裏に行わなければならないことから、町有財産の売買などの取引を行う場合について定められた庁内の手順「巻町財務規則」に従うことができない。規則には、不動産の随意契約による売買契約の締結について、担当部署による売買の相手方の選定、価格見積もり、上司への執行伺い、予定価格の決定、町長の決済、売買代金収受の手続き等の手順がことこまかに定められている。しかし、こうした正規の手続きをとれば、推進派寄りの役場職員によってこの売買はすぐに原発推進派に露見してしまう。契約の効力に影響しないことはあらかじめ検討ずみではあったが、政治的な激しい批判に曝されることは明らかであり、町長にもこの規則違反は覚悟してもらわなければならなかった。

もともと「財務規則」の制定権者は自治体の首長であり、首長が取引の公正の担保と事務処理の効率化のために制定するものである。いったん制定された以上、首長もこれを遵守すべきことは当然であるが、実際に行われる取引において、そこに取引の公正を害する事情がなく、その契約内容に実質的に違法とすべき事由がなければ、その取引の私法上の効力を否定するまでの必要はない。このように解釈するのが判例であり学説においても通説である。新潟地裁の判決文から、その一部を要約して引用する。

財務規則が……価格の設定を要求した趣旨は、申し出にかかる相手方の価格の適否の判断基準とするものであるところ、本件土地は……の不毛の土地であることからすれば、佐藤町長の売却予定価格1500万円を超える予定価格を設定するということはおよそ考え難いというべきで、……住民投票の結果に示された住民意思を実現するという本件売買契約の目的を承知した上で1500万円を上回る価格で買受を希望する者が被告買受人らの他に現れることもおよそ考え難い……。実質的に財務規則に違反しているとは言えない。

……

規則で町長の決済が必要とされているのは、……契約担当者がいる一般の場合を想定したもので、町長自らが契約の締結事務に当たる場合にまで、要求されるものではない。

……
収支命令職員による納入通知、収入役に受領に関する手続きも……本件土地売買契約に際しては契約締結と同時に現金で代金の支払いが行われたことが認められ、かかる場合には事前の通知等は意味がなく……、売買代金は、契約締結後、被告町長から収入役職務代理者会計課長に現金で手渡され、……同課長作成の領収書も買受人らに交付されている。……実質的に違法とまでいうことはできない。

4　売買を極秘で行わなければならなかった理由

この売買を極秘裏に進めなければならなかった理由は以下のとおりである。

地方自治法は、公有財産の売却など首長の行為の差し止めを裁判所に求める権利を住民に付与している。住民訴訟の一つである。契約締結、所有権移転登記を終えた後の訴え提起には時間をかけて対応し、勝訴を勝ち取ればいいだけのことだが、問題はそれだけではない。この差し止め請求訴訟を本案とする仮処分も認められるとする学説があり、実際の下級審裁判例もあるのである。仮処分とは、本案の裁判の結論が出るまでに時間がかかり、その間に契約等が実行されてしまえば、裁判そのものが無意味になってしまう場合もあることから、本案の結論が出るまでの間、契約の締結を仮の措置として差し止める手続きのことである（本件では「……を売却してはならない」という命令になる）。性質上その手続きは書面審理を原則として時間をかけずに決定が出される。

事前に漏れれば、原発推進派が行動を起こすことは間違いない。仮処分が容認されれば、売買はできなくなるし、仮処分が却下されたとしても、町長は推進派の激しい批判に曝され、その雰囲気のなかで、なおこの売買を強行するのはおそらく不可能である。買い取る以上は確実に所有権移転登記にまでこぎつけなければならない。

後に、主に原発反対派の人たちから「どうして『実行する会』だけでこっそり町有地を買取ったりするのか」「売買するなら自分も買いたかった」などの非難が「実行する会」に浴びせられ、それは翌年の町長選挙にまで尾をひいて、選挙のミニ集会等でその説明と弁明に終始させられることとなったが、そうせざるをえなかった理由はここにある。「実行する会」メンバーらの金銭的な負担軽減のためにもそれができれば何よりだが、広く原発反対派の人たちに買受人を募ることなどできないし、「実行する会」内部の意思確認と契約の実行にも、細心の注意を必要としたのである。

売買契約の締結と所有権移転登記の申請日を1999（平成11）年8月30日（月曜日）と決

め、全メンバーに説明し理解と協力を得るための「実行する会」の会議を8月25日（水曜日）夜8時とし、議題は示さず、案内をした。会合の場所も「実行する会」事務所では目につくことから、町外れの空き店舗の一室を借りた。場所の設定からただならぬ議題であることがみんなに伝わったはずである。同時に、契約書、誓約書、委任状の作成、現金持参などのとりまとめ作業の日程も27日（金曜日）夜8時と決めていた。

25日の会議では、議題を通知していないこともあり、都合で欠席した者もいたが、私から、町有地買取りの意義、法律上の問題点と予測される裁判とその見通し、売買代金額決定の理由等を説明し、協力を求めた。質問は種々あったが、買取りの実行には誰からも異論は出なかった。資金協力については、「すでに所要の1500万円確保の目処はついているが、メンバーを50人とみて一人の負担額は30万円になること、しかし、各人の拠出できる金額がそれぞれの事情によって異なることはやむを得ない、それぞれに可能な限りの協力を願いたいこと、可能な人は次回会合に現金を持参してほしい」旨を要請し、また、「買主となり登記すれば、推進派の名指しの批判に曝されるだけでなく、裁判では被告とされることにもなる、そこまで引き受けられるかどうか、これもまたそれぞれに事情は異なる、この点も検討のうえ、引き受け可能な人は売買契約書等作成のための登録印と印鑑登録証明証、登記のための住民票も用意してもらいたい」旨を伝えた。秘密厳守はみんなの共通認識となった。

８月27日（金曜日）夜、まとめの会合。買主となり登記も引き受けるとして登録印、住民票等も持参した者23名、そこまでは無理として現金のみを持参した者、金額もさまざまではあったが、25日に集まったメンバー全員が参加した。その場で売買契約書の買主欄への署名捺印、誓約書、登記委任状の作成を終え、すべての準備が整った。なお、しばらく会議へ足が遠のいていて連絡を差し控えたある人が、後にこれを知り、「私だけ置いていかないでください」とわざわざお金を届けてくれたのには感激した。これで町有地買取り行動への参加者は総勢37名となった。

契約締結日の８月30日（月曜日）午前８時30分、私は売買契約書原本、買受人の誓約書、委任状、印鑑証明書、そして現金１５００万円の入った紙袋を携えて、登記を依頼し準備を整えてもらっていた司法書士に同行してもらい、巻町役場町長室に赴いた。町長室で契約書と司法書士への登記嘱託書に町長の署名捺印をもらい、１５００万円の支払いを終えた。町長も秘密保持には気を使っており、このことを事前に伝えていたのは助役一人だったようで、町長の職印を町長室に持参した総務課長の顔には驚きの表情がはっきりと表れていた。

帰る足で、司法書士に新潟地方法務局巻出張所へ所有権移転の登記申請書を提出してもらった。翌日には登記が実行されたのだが、この登記完了の知らせを聞くまでの時間が何と長く感じられたことか。

（表7　つづき）

ちの責任を全うするためには、角海浜の旧墓地を町から買い受けるべきであると決意をいたしました。

原発が決着すれば町に返します

過日、笹口町長に私たちの気持ちをお話したところ、「住民投票の結果を尊重するという町政の方針に合致する」との快諾をいただき、旧墓地2カ所のうちの1カ所（約225坪）の売却をしていただきました。

買い受けた価格は、佐藤町長が東北電力に売却しようとした価格と同じ、1500万円（坪単価約6万6000円）です。また、この土地を買い受けるため「住民投票を実行する会」の会員が資金を出し合い、土地は会員の共有財産として登記いたしました。

私たちがこの土地を買い受けたのは、あくまでも、住民投票の結果を確実にし、巻原発問題に決着をつけるためであることは言うまでもありません。したがって、この土地はいかなる理由があろうと第三者に転売したり、貸したりすることはいたしません。

さらに、東北電力が巻原発計画を正式に断念したうえで、巻町がこの土地を有効利用する計画があれば、無償で提供することを町民の皆さまに約束いたします。

平成11年9月

巻原発住民投票を実行する会
大越茂（代表）　菊池誠　田畑護人　高島民雄
他共有買受人19名

登記所は法務省の管轄下にある。登記官がこの登記申請を本省にご注進に及んだりしたら、国策である原発の建設を困難にする行為、どのような妨害が行われるかわからない。かつて柏崎原発闘争で浜の団結小屋の表示登記申請を登記官が拒んだ実例を私は知っている。司法書士からも、「登記所の次席に呼び止められて、『大丈夫ですよね』と声をかけられ、念のため31日の朝、総務課長に同行してもらい、登記官と面会するこ

表7　町有地買取りを町民に知らせるためにつくったチラシ

原発問題を終わらせるために　角海浜町有地を買い受けました

住民投票の結果を確実なものに

巻原発の可否を決める住民投票が実施されてから３年が経ちました。結果は圧倒的多数の町民が「反対」であったことは皆さんがご存じのとおりです。「もうこれで巻原発問題は終わった」と大多数の町民がホッとしたのは当然です。

しかし、このように町民がはっきりと答えを出したにもかかわらず、東北電力は原発計画を止めようとしていません。それどころか推進団体を使った活動はますます強化される一方です。

住民投票の結果は巻町民が条例に基づいて、血のにじむ思いで出した結論です。それを一企業でしかない東北電力が認めようとしない以上、住民投票の結果を町民自身が守り、確実なものにしなければなりません。

町有地の一部を買い受けました

巻原発問題では、東北電力が予定地としている角海浜にある町有地（旧墓地２カ所）の扱いがずっと焦点になってきました。旧墓地は原子炉の炉心近くにあるため、原発をつくるにはどうしてもこの土地が必要なのです。

私たち「住民投票を実行する会」は、住民投票の実施を町民に呼びかけてきた団体として、住民投票の結果を確実なものにする責任があると思っています。住民投票実施後の東北電力の態度を踏まえたとき、私た

とになった」という連絡があった。

私は8月31日の朝、かかりつけのクリニックへ向かう途中、自宅近くにある登記所の駐車場で話を交わす司法書士と総務課長の姿を目撃もした。えらく心配した登記であったが、クリニックから戻ると、司法書士から無事に登記が終ったという電話が入っていた（その後の仕事にも影響しかねない大役を躊躇なく引き受けてくれた巻町在住のこの司法書士には感謝の言葉

もない)。今回の執筆に当たり、時間経過をノートのメモで確かめたのだが、私の記憶ではずっと登記が終わるまでに3、4日を要したことになっていた。

9月2日には新潟日報の記者が事実をつかみ、町に取材を申し込んできた。登記も完了したことであり、笹口町長は同日午後記者会見を開き、町有地売却の事実を公表した。

表7に、町有地を買い取ったこととその目的を町民に伝えるために「実行する会」が新聞に折り込み、配布したチラシの内容を紹介する。

5　推進派の提訴とわれわれの勝利

想定していたとおり、推進派は笹口再選直後の2000(平成12)年2月住民監査請求を申し立て、同年5月12日買受人らに対し町有地の町への返還を求める住民訴訟を新潟地方裁判所に提起した(同じく住民訴訟である町長を被告とする「怠る事実の違法確認」の請求も。資料3「訴状」を参照)。原告には名の知れた原発推進派5名が名を連ねたが、費用負担から代理人の選任まで実際の訴訟遂行者は東北電力であると考えてまず間違いないだろう。

私は、前記のとおり法的問題はすべてクリアしていると考えていたが、訴状に一カ所わが目を疑う部分があった。地方自治法の著名な法学者関哲夫が原告ら代理人を引き受けていたのだ。裁判所の資料室にも同人の地方自治法関係の著作数冊が置いてある。法律論のどこかに私の見落としや考え違いがあるのだろうか。提訴そのものではなく、この代理人の受任を知ったときは正直かすかに不安がよぎった。しかし、裁判所資料室から関氏の著書を借りて読んで心配はたちどころに消失した。何のことはない。彼の学説も、私が依拠した前述の通説と同じだった。彼の学説から見ても、この売買は適法有効でなければならない。学説は学者にとっての命ではないのか。理由はわからないが、彼は自説とは反対の主張をすることになるこの裁判の原告代理人を引き受けたことになる。

原告（東北電力側）が訴状で主張した売買の無効原因を要約すれば、①売却方法の選定が違法、随意契約を選択した町長の裁量権の濫用（動機が不正、原発建設阻止の目的が違法、売却の相手方選定が違法）、②売却手続きの違法（財務規則違反〔予定価格の不設定、見積書の不徴取、決済手順の無視、会計手続きの無視〕）、それに③信義則違反（町と東北電力との協力信頼関係を踏みにじるもの）の3つとなる。

訴状の要旨と抜粋を資料3として末尾に添付し、これに対して2000（平成12）年7月12日付けで被告買受人らが裁判所に提出した答弁書（一部省略）も資料4として添付する。ここに、本裁判の論点と売買を適法有効とすべきすべての事実上、法律上の根拠が示されていると考えるからである。興味のある方は参照されたい。

裁判の過程において、原告らが、答弁書記載の本件売買をめぐる主要な事実をほとんど争わなかったこともあり、裁判所はこれら事実を当時の新聞記事などからそのまま認定し、2000（平成12）年11月24日口頭弁論を終結して、2001（平成13）年3月16日「原告らの請求を棄却する」判決を言い渡した。笹口町長の本件随意契約に裁量権の濫用、逸脱は認められず本件売買は適法、財務規則違反も売買を無効とするものではない、と答弁書の主張をほぼそのままに採用していた。また、前記のとおり被告らの買受人としての適格性を原告らが争うことはなく、一人の被告本人尋問も行われることがなかった。法律論に関しても原告側から学者証人が申請されることはなかった。

原告らは判決を不服として控訴を申し立て、裁判は東京高等裁判所に舞台を移した。しかし、ここでも裁判所の結論に変更はなく、2002（平成14）年3月28日「控訴棄却」の判決が言い渡される。判決当日は、被告らを中心とする「実行する会」のメンバー約20名がバスを仕立てて東京高裁に臨み、法廷に響く「本件各控訴を棄却する」裁判長の主文朗読に耳を傾けた。

なお、控訴審で原告らが新たに付け加えた主張があった。一つは「本件売買は虚偽表示で無効」という主張である。虚偽表示無効とは、民法94条に規定があり、表向きの法律行為が真意と違う場合に（売買の形をとってはいるが、当事者の真意は売買ではないということ）、表示上の行為（売買）の法的効力は認めない（無効）とするものである。

原告らの主張は、「実行する会」が町民に本件売買を報告するために新聞に折り込んだチラシ（表7を参照）の記載内容を理由に、町有地の買取りは経済的な取引上の目的に基づくものではなく、もっぱら東北電力の買受けを不可能にする、もしくはこれを妨害することを目的としたものであり、その目的達成までの期間に限っての臨時的、仮装的にする法律的行為であるから無効であるというものであった。チラシの内容を再掲すれば、次のとおりである。


私たちがこの土地を買い受けたのは、あくまでも、住民投票の結果を確実にし、巻原発問題に決着をつけるためであることは言うまでもありません。したがって、この土地はいかなる理由があろうと第三者に転売したり、貸したりすることはいたしません。

さらに、東北電力が巻原発計画を正式に断念したうえで、巻町がこの土地を有効利用する計画があれば、無償で提供することを町民の皆さまに約束いたします

一読して、原告らの主張に無理があることは明らかと思うが、被告ら（私たち）が反論した準備書面の内容を引用しておこう。

控訴人らは、丙1（書証番号で「実行する会」のチラシのこと——筆者注）の内容を主な根拠として、本件売買が虚偽表示に当たると主張する。同号証は地裁に答弁書と同時に提出してあるもので、いかにも思いつき的な主張である。もとより本件売買は、巻町から被控訴人らにその所有権を移転することがその目的である。被控訴人らが土地の利用を考えており、その利用が可能であることも既述のとおりである。丙1の内容は、本件土地の買取りが決して被控訴人らの私利私欲を図るもの（たとえば東北電力への転売）ではなく、全町民の利益をはかる意図に出たものであることを宣言したものである。控訴人らが主張するように、原発計画が断念されればそれだけで土地を返還するというのではない。その上で町民の利益に適うと判断される利用計画が町から提示されることが条件である。また、これは契約関係を元に戻す（代金も返還）というのでもない。その場合には、被控訴人らが取得した本件土地を町民のため町に無償で提供する（贈与）と言っているのである。かかる控訴人らの主張で被控訴人らが確認しあったこの意思が変わることはないが、虚偽表示とはあきれ果てる主張である。被控訴人らが支払った本件売買代金は1500万円、被控訴人らがこれだけの金員を各々の家計から捻出することは確かに容易なことではなかった。その土地を無償で提供するという丙1の町民に対する約束が被控訴人らの真意に出るものであることを控訴人らは理解ができないのであろう。

また、原告らから、随意契約の相手方（買受人）の選定に問題があるとして次の主張もなされた。

仮に随意契約を採用したこと自体は適法としても、……自由に随意契約の相手方を選定しうるわけではなく、選定にあたっては公正な手続きによらなければならない。……売却の公開により、買受希望者を募集するなどして、……公正の確保及び売却価額の有利性を図るべきであったのにそれをしていない。裁量権の乱用に当たり売買は無効である……

この主張に対する反論も裁判所に提出した準備書面の引用をもって代える。

控訴人らは、随意契約によるにしても広く買受人を募るべきであると主張する。まず、控訴人らが本件土地の売却目的を否定して一般公募などを議論する点は、その前提を異にするもので反論の必要を認めない。ただ、本件目的のもとでも何らかの競争原理を導入する余地はなかったのかについての議論はあり得るであろう。しかし、この観点からみても、本件売買で広く買い受け希望者を募ることは不可能であると言ってよい。本件売買の目的を承引して1500万円を超える価格で本件土地の買取りを希望する者が他にあることはおよそ考え難いこと、したがって、その必要もないことは原審で述べたとおりであるが（実際のところ、本件売買の目的を理解する町民からは、控訴人らが述べるような不満の声は聞こえてこない。）、その目的からする本件売買の最も重要な問題は、買い主の信用、本件売買の目的に適う買受人の確保である。原発予定敷地内では、わずか数坪の土地を巡って、今も、東北電力への転売、金もうけを目当てに、法外な価格による取引が繰り返されている。買い受けを希望する者の表示意思とその真意の一致を確認することは不可能に近い。その真意を確かめるための思想チェック、身辺調査なども適当ではない。本件目的を確実に達成するためには、町長自らがその信用性を確信できる者の中から買い主を選定すること以外に適当な方法は見当たらないのである。そして、被控訴人らは、自主管理の住民投票の当初から、笹口町長とともに、「原発建設の是非は住民の意思を確認してから決すべきこと」を巻町民に訴え続け、その実現に向けて、長い間、さまざまな苦労を共にしてきた者たちである。その結果確認された住民意思を守り抜く決意の強固さと覚悟の程において、巻町民3万人といえども、被控訴人らに優る者を見出すことはできない。本件売買の目的達成の重要性から、契約の相手方の選択もこのように慎重かつ厳格なものとならざるを得ないのである……

もともと随意契約の相手方はその目的によっておのずから決まるものである。佐藤町長が町有地を随意契約で東北電力に売却しようとしたことも、原発建設への協力が目的なのだから、買主は東北電力以外にはないのである。

原告らはなおも判決に承服せず、上告する。最高裁第一小法廷が原告らの上告を理由なしとして「上告不受理」としたのは、後述する2004(平成14)年の町長選まで1カ月と迫った2003(平成15)年12月18日のことであった。そして、同日東北電力社長が巻原発撤退を示唆する発言をし、24日には東北電力が巻原発計画の白紙撤回を正式に決定することになる。この事態を受けた町長選の対応とその結果等については、第8章で詳述する。

6 2000年町長選挙——笹口再選

2000(平成12)年1月16日の町長選挙は、町有地売却の是非も問われる選挙となった。東北電力が町有地の売却を違法であるとして住民監査請求の申し立てに言及した前年9月末頃、巻町農政課長の田辺新(佐藤町長時の企画課長)が退職して町長選への立候補を表明した。55

歳で職を捨てて立つ。そこに彼の「勝てる」との胸算用が透けていた。

結果は、笹口1万102票、田辺9835票、その差267票、薄氷を踏む勝利であった。この選挙結果の分析は難しい。田辺は原発推進派の全面支援を受けながら、選挙では「原発問題は住民投票で決着ずみ」「私の任期中は原発の推進はしない、着工もしない」と原発の争点隠しに終始した。

前述したように、町有地の売却をめぐって原発反対派の一部の人たちには「実行する会」に対する不信感があり、選挙期間中、ミニ集会などで丁寧に説明を繰り返したが、十分に理解を得られたとはいいがたい状態が続いていた。町民の中にも、これまでとは違う「実行する会」の秘密裏の町有地買取りに違和感を覚えた人もいたはずだ。4年間の笹口町政一般の評価もある。さまざまな要因が混然と絡み合う選挙であった。

ただ、勝敗を左右したのはやはり原発に対する町民の不安にあったと見るのが正しいだろう。1997（平成9）年3月11日東海村動燃再処理工場で起きた事故評価基準レベル3（5段階）の爆発事故、そして、折しも田辺の立候補が明らかになった直後の9月30日に発生した東海村の㈱住友金属鉱山の子会社㈱JOC核燃料加工施設での臨界事故である[12]。核燃料製造過程で作業員が操作手順を誤ったことで核燃料が臨界状態となり、作業員3名がその直近で被曝、隣の部屋にいた作業員、かけつけた消防隊員なども被曝、施設周辺には交通規制がしかれ、周辺住民の数百名も中性子線などを被曝する大事故となった。作業員2名が死亡したが、最初の一人が亡くなったのは選挙の約1カ月前、1999（平成11）年12月21日のことであった。町民の多くが原発問題は未決着であることを思い起こし、推進派の争点隠しに惑わされることなく、笹口氏を当選に導いたものと私は考える。

注

(11) この頃、私は電気事業法が改正されていたことに気づいておらず、私が心配していた土地の強制収用とは、改正前の法規制のもとでの脱法的解釈による強引な土地収用法の適用のことであった。

しかし、電気事業法は1995（平成7）年すでに許可制から届け出で足りることに改正されていて、机上審査ですむ原子炉等規制法の許可だけで原発用地の強制収用が可能になっていた。電力会社が予定敷地の土地所有権を確保する必要はなくなっていたのである（第1章3も参照のこと）。別々の機関による安全審査のダブルチェックも国の原発安全宣伝の柱の一つだったはずなのだが、単なる規制緩和という程度の受け止めで見過ごされたのであろうか、国会で問題にされた形跡はなくマスコミで大きく扱われることもなかった。恥ずかしいことであるが、私がこの法改正に気づいたのは町有地買取り後のことであった。

この改正は、行政全般の規制緩和の一環などではなく、電気事業に土地収用法の適用を可能とする国の一大方針転換だったとみるべきものであろう。国は、前述した「地主会」の土地の扱いで苦い経験をしていたからだ。いずれにしても、とうに土地収用法を適用する法律上の制約は取り外されていて、「実行する会」が買い受けた町有地も原発建設の阻害要因ではなくなっていたのである。

（12）臨界事故とは、原発の核燃料であるウラン235が連鎖的持続的に核分裂反応を起こす状態になる事故のことである。爆発的に核分裂反応が進み、大量の放射線が放出され、作業員らが被曝した。

第7章 最後の危機――岩室村・潟東村との合併話

1 寝耳に水の合併話

東北電力が町有地裁判の結果いかんで、巻原発計画からの撤退を考えていたことがわかってみれば、2001（平成13）年に取り沙汰された巻町近隣の岩室村と潟東（かたひがし）村との合併を阻止しうるかどうかが、住民投票に示された町民の意思を守れるかどうかの最後の試練であったことになる。

2001（平成13）年夏頃から、平成の大合併の流れのなかで、巻町の岩室村、潟東村との合併がマスコミに取り上げられるようになり、次第にその扱いが大きくなっていく。しかも、あろうことかその中心にいるのは笹口町長である。3町村の「合併問題懇談会」が繰り返し開かれ、2002（平成14）年2月28日に「合併協議会」を発足させることが合意されるに至る。その間、町長から「実行する会」への説明は一度もない。にわかには信じられない仰天の一大事である。

岩室村も潟東村も原発立地隣接自治体でつくる「原子力発電所関係市町村協議会」の構成員であり、巻町で原発住民投票の結果が出た後も国から原発関連交付金を受け続けている村である。巻町が住民投票の結果を受けて1996（平成8）年12月に同協議会を脱退した際、同協議会の会長鷲沢赳弥岩室村村長は「今の巻町の体制がいつまで続くかわからないし、やがてひっくり返るかも知れない。周辺市町村はみな原発推進だ。われわれで外堀を固める」とコメントしていた。

両村議会とも原発推進派議員が圧倒的多数を占めていて、3町村が合併すれば巨大な原発推進議会ができあがることは火を見るよりも明らかであった。巻町議会の中でも少数派であるわれわれが太刀打ちできるわけがない。原発住民投票条例などいとも簡単に廃止され、首長の住民投票結果の法的尊重義務も消し去られてしまう。原発推進決議も容易である。

政治的に見ても、巻原発の住民投票は旧巻町住民の意思表示にとどまるもので、合併で生まれる新自治体住民の意思は不明と言われて、反論もできない。笹口氏が合併後の新自治体初代市長につくのだとしても、その流れを押しとどめることは不可能だ。あらためて自主管理の住民投票から始めるのか、原発に関する知識も関心度もまったく異なる両村の住民にどのような働きかけが可能というのか。

町有地訴訟の東京高裁判決もまだである（判決日は2002〔平成14〕年3月28日、前章参照）。原発問題が決着していない状態での合併などいかなる理由があろうが、この巻町ではあってはならないことである。

私は、「実行する会」メンバーと話をしながら、大橋みゆき議員、土田年代議員、そして妻を通じて、その問題点を笹口町長に伝えてもらっていたが、なかなか耳を貸してもらえない状態が続いた。「二六会」内の保守系町議が合併に賛成の意向であったことも事態をむずかしくしていた。ただ、この問題を顧みると、私にも反省すべき点がある。あまりに急にものごとを進められてしまったため、ブレーキをかける行動が後手にまわってしまったことである。口を挟めば決まって言い争いになる。身近に「実行する会」の議員もいるのに、直接出向いて談判するとなれば、無事にはおさまるまい。タイムリミットが近づきつつあるとは思いながら、動き出しが遅れたことは、私も反省しなければならないことだった。

2002（平成14）年1月15日、田畑護人から電話があった。笹口町長が合併のことで私に聞きたいことがあると言っている、と。町有地の買取りしかり、笹口町長と私とのかかわりは、ある時期以降、決まって田畑を経由した。誰が頼み、どこで決めたわけではないが、双方との関係、田畑の持ち前のしなやかさ、メンバーの信頼などから、この役回りは自ずと彼のものとなっていた。先に「田畑は『実行する会』のまとめ役として欠かせぬ存在となった」と書いたが、この意味合いも大きい。彼なしに住民投票運動は果たしてゴールにまで辿りつけたのかどうか。

1月17日午前10時、「実行する会」の事務所で会った。田畑、大越、菊池氏、大橋議員、土田議員、高島議員が同席した。

笹口町長の私への質問は、「巻町住民投票条例をどのように改正したら、合併後も住民投票の結果を守ることができるか」である。驚いた。彼はこの程度の認識で合併を進めていたのだ。私は、巻町の条例をどのように改正しようが、新自治体の首長、議員を拘束することなどできないこと、条例そのものの廃止も原発推進決議も新自治体の議会は自由にできるであろうこと、1996（平成7）年8月の住民投票は旧巻町住民の意思表示にとどまるものとして葬られてしまうであろうことなどを説明した。

彼の驚愕の表情は、自分が進めてきた合併が招く只ならぬリスクの大きさに、ここで初めて気がついたかのようだった。「ならば、どうしたらいいのか？」という問いがただちに彼の口をついて出たが、私もそれに対する答えまで用意はしていない。

合併を先頭に立って進めてきた彼のほうから合併をやめるには、それなりの理由が必要だろう。両村長に巻の住民投票結果を尊重するように約束させることは無意味だし、両村議会に同様の決議をさせたところで、新自治体の議員の行動を縛ることなどできない。結局のところ、彼らを縛ることができるのは、選挙民の意思である。議員という身分が何よりも大切な彼らのこと、住民意思が明確になれば、それを無視して行動するのは容易でない。

巻町と同様に原発住民投票を実施してもらい、両村住民の意思と原発反対の巻町住民の意思との合致が確認されること、それを合併の条件とする。その場で考えついたことがこれだった。両村がこのような要求に応ずるはずはなく、それならそれで合併そのものが立ち消えになるとも思われた。笹口町長は、意外にもすぐに私のこの提案を受け入れた。

2　合併阻止

しかし、これが合併をめぐる紛糾の始まりとなった。笹口町長は翌18日午前中に開かれた3町村首長、議長の会合で、さっそく両村に原発住民投票の実施を要求した、しかし、会議は大荒れとなり収拾がつかなくなった。笹口町長は、その日正午、会議の模様を私に電話で知らせてきた。

以後、合併問題は二転三転の大騒動となる。事態の急展開を受け、巻町議会の原発推進派議員たちのすさまじい町長批判が始まった。息をひそめて、合併に向かう町長の背中を押してきたに違いない推進派が危機感をあらわにして町長に襲いかかったのである。両村からの抗議、議会での厳しい追及に耐えられず、笹口町長は再び合併推進へと舵を切る。２００２年（平成14）年1月21日には、巻町助役から「住民投票の実施にはこだわらない」との意向が両村に伝えられ、両村はこれを了承した。

合併協議会を予定通り2月28日に発足させること、その名称は「西蒲中央町村合併協議会」、会長には笹口町長、事務局を巻町に置くことなどが決められたとの新聞報道がなされる。そして笹口町長は、地域ごとに合併についての住民説明会を始めることまで決めてしまった。

この前後から、私のノートは連日のように人との面会、会議の記録で埋められていく。

1月21日午前、田畑、大越、菊池氏とともに大沢議員と面会。大沢氏は、「電気事業法が改正されていて土地収用法の適用はいつでもできる。町有地を買い取っただけで安心はできない」という私の説明に納得し、合併を取りやめることに理解を示してくれた。同月26日の「実行する会」の会議に大沢議員にも出席してもらい、町長に合併断念を求めることも決まった。

1月26日午前9時、「実行する会」事務所で、大沢議員も参加して「実行する会」メンバー28名と笹口町長との話し合いがもたれた。笹口町長が再び合併推進に舵を切ったことで、議論は激しいものとなった。参加者の全員が合併に反対する意見を述べた。

町長の意向は、これまでの経緯から「合併協議会だけは立ち上げさせてほしい」「そのなかで、住民投票の結果を守るための確かな担保を勝ち取る」「担保がなければ、そこで合併はやめる」というものであった。

これに対して、メンバーからは

「原発がつくられないことの確実な担保とは何なのか」

「協議会に入ってしまったら、確かな担保がないからといって簡単にはやめられなくなる」

「巻町民も笹口町長が進める合併なのだから心配ないと誤解しかねない」

「協議会の構成メンバーからみて笹口一人で対抗できるとは思えない」

「笹口町長にどの場面で合併をやめにするのか腹が固まっていない以上、協議会を立ち上げるべきではない」

「そもそも何のための合併なのか」

といった、手厳しい意見が相次いで述べられた。

これら全員の反対意見に対し、反論の言葉を失った町長が最後に口にしたのが、「今日の皆さんの意見は、笹口町長に対する不信任と受け取っていいか」であった。ならば、町長を辞めるが、それでもいいのか、という意味であろう。咄嗟に口をついて出てしまった言葉だと思うが、巻町民の血と汗の結晶である住民投票の結果を守る責任よりも、協議会を立ち上げて合併を主導してきた自分の体面を守ることのほうが大事だというのか。耳を疑う発言であった。

同日夜に開かれた私の居住地東六区での合併説明会にも私は出席した。説明会にやってきた助役に対して、私は「原発が息を吹き返すことのない確かな具体的方策なしに合併すれば、巻町の住民投票の結果はご破算にされてしまう。方策はあるのか」と質問している（助役は「合併協議会の中で検討する」と言うのみ）。町長と一体と思われていた私の険しい質問は、地域の出席者に異様に映ったに違いない。

1月31日には「実行する会」事務所で「実行する会」メンバーと「二六会」議員との協議の場も設けられた。

2月2日、「実行する会」の2回目の全体会議が開かれる。前回とほぼ同じメンバーが集まっていた。

ここでも町長は、「両村による住民投票の実施を合併の条件とはしない」「合併の理由は行政の効率化にある」などと合併協議会の立ち上げを主張した。

「実行する会」メンバーからは

「住民投票をやった町の町長だ。行政の効率化程度の理由で住民意思を危険に曝すようなことはやめてほしい」

「合併のメリットは何なのか。町の説明会でも具体的な説明がない」

「住民投票の結果を守る確かな手立てなどあるわけがない」

「合併の住民説明会を続けることは町長の立場を苦しくするだけだ」

「笹口町長の姿勢が変わらない以上、合併を認めてしまうか、町長と徹底的に対決するのかのどちらかしかない」

などの反対意見が述べられ、話し合いは再び平行線に終わった。

だが、この日の町長の物言いや雰囲気には変化が見られた。

「協議会で『住民投票の取り扱い』を議題にすることが了承された。これをまず集中的にやってもらう。そこがはっきりしないかぎり、他の議題には進まない」という。

当日の会議に関する私のメモ書きには、感想として「笹口は合併をつぶす方向で腹を固めたように見える」「これなら、2月7日の3首長会議での笹口の動向を見極めてからでいいのではないか」との記述がある。彼と全面対決するかどうかは7日以降、と判断していたようだ。町長に対する前回ほどの厳しい追及、応酬はなく、この日の会議は終わっている。

2月6日夜、田畑から電話があった。田畑はこう語った。

「笹口町長が店にやってきて、『今日両村長に会い、いったん撤回した住民投票の実施を合併協議会立ちあげの前提条件として、再び提示した。これに対して、両村長は激怒して話し合いは決裂し、翌日の3首長の会議も中止になった』という話をして帰った」

翌2月7日、『新潟日報』は「原発住民投票　巻町長再び要請　今日の合併懇中止」と報じた。続いて、2月13日「2月28日に予定した合併協議会の設置が12日までに事実上白紙となった」、3月1日、「岩室・潟東村　巻町との合併ご破算」の記事が載る。その一方で、「巻町原発推進派議員13人が、町内各種団体に呼び掛け、合併を進める会を設立、署名運動を展開する」「巻連合区長会（自主管理住民投票に対して戸別訪問までして不参加をよびかけた組織）が合併協議の推進を申し入れ」などの記事も踊っていた。

こうして、岩室村・潟東村との合併話はほぼ終息に向かうことになったが、これもまた、「住民投票に示された住民意思は必ず守る」町民との約束を果たすべく、笹口町長に対しても一歩も引かず、その意見を貫き通した「実行する会」メンバーらの揺るぎない信念とその行動があればこそであった。笹口町長もぎりぎりのところで「実行する会」住民投票運動の原点に立ち戻ってくれたことになる。

もっとも、こうした事態を受けて原発推進派が怒りをあらわしたことはともかくとして、われわれと同じ考えと思っていた人たちから異議が出されたのには驚かされた。

社民党巻支部がこの合併に賛成の立場だったのかどうかはわからないが、「合併協議会は立ち上げるべきだ」との主張を繰り返していたのである。

2月25日夜、幹部2人が話し合いを求めて拙宅を訪れた。

「合併協議会を立ち上げるべきだ。そこで原発住民投票の扱いも協議すればよい」「ここで合併を打ち切るというなら、次の笹口町長の選挙は応援できない」

このときの議論には、田畑夫妻と大越が立ち合っていた。私は、合併が原発を阻止するうえで大きなリスクとなることを繰り返し説明したが、納得しない。果ては、「高島さん、合併しても原発反対運動は続けられますよ」と言い出す始末である。

半ば呆れ、半ば得心である。「反対運動が続けられればいい」――そういう人たちなのだ。まだ共闘しなければならない局面があるのかもしれない。私は「原発反対運動など続けたくはありません。早く終わりにしたいのです」、喉元でこの言葉を飲み込んだ。彼らは、翌26日「二六会」に対しても、同趣旨の申し入れを行っている。

一方、原発推進派の怒りは収まらず、町長に対する攻撃は熾烈をきわめた。それほど彼らの失望は大きかった。4月には、岩室村・潟東村との合併を住民投票で決めるべきであるとの条例案を議会に提出して、5月9日の臨時議会でこれを可決、岩室村・潟東村との合併が完全に立ち消えになった後の7月22日の臨時議会でも、今度は相手方を特定しない合併の是非に関する住民投票の実施を求める条例案を提出して可決した。これらは、いずれも町長が条例案を再議（第4章注(10)を参照）に付すことで乗り切った。

ところで、町有地訴訟最高裁の上告不受理決定（２００３〔平成15〕年12月18日）を受けた東北電力の巻原発白紙撤回が２００３（平成15）年12月24日にあってなお、この合併話が住民投票運動最後の危機だったという理由は、合併によって巻町が消滅して新自治体が誕生し、住民投票条例が廃止され、原発推進決議がなされたりすることなどが、町有地訴訟の基礎的事実の大きな事情変更と見なされ、裁判の結論への影響がまったくないとは言い切れないということもあるが、それより何より、もしこの合併が実行に移されていたとしたら、町有地訴訟の敗訴が確定しても、国、電力が巻原発計画をやめることにはならなかったのではないかと私は考えるからである。

先に述べたように、原発推進議員で埋めつくされるような新議会によって住民投票条例は廃止され、原発推進決議もなすがままとなる。徹底した原発推進活動を展開し、時間をかけて新自治体の住民意識を原発推進に導き、旧巻町から土地を奪った者として買受人を攻撃し、市民からの孤立、分断を図る。住民投票条例が廃止されれば、「原発建設の是非は住民投票で決める」巻町議会の議決も旧巻町にかつてあった歴史上の出来事でしかなくなり、町民意思を守るための売買であったという「実行する会」の大義の法的根拠も失われる。圧力をかけ、土地の新自治体への返還を迫る。住民から孤立させられてしまったら、買受人一人ひとりがこれに対抗するのは容易なことではなくなるだろう。それに失敗しても、住民意識の変化、情勢いかんによって、彼らには最後の強硬手段、土地収用法発動の道が残されている。前記のように、国は土地収用法の適用が可能になるように電気事業法を改正しているからである（第6章注(11) 参照）。

推測にとどまるが、もし町村合併が実行されていたら、町有地訴訟の敗訴だけで国、電力が巻原発をあきらめることはなかったのではないか。われわれはさらに長く苦しい闘いを余儀なくされたのではないか。振り返ってみて、この合併騒動が住民投票運動最後の危機だった、と私が考える所以である。

第8章
最高裁の上告不受理と東北電力の撤退

1 2003年町議選

町有地訴訟が最高裁に係属するなかで、「実行する会」結成後3回目の町議選がめぐってきた（投票日は2003年〔平成15〕年4月27日）。「実行する会」では、高島敦子が引退し大越茂が再挑戦するほか、大橋みゆき、土田年代氏が2期目を目指した。この選挙では議員定数が20に削減されていた。「実行する会」以外にも候補の変更はあったものの、「二六会」系候補8名全員が当選し、心配した前年の合併騒動のマイナスの影響はほとんどなかったと見てよい結果であった。推進派は合併住民投票条例などの再可決に必要な3分の2の議席を得ることはできなかった。ただ、原発推進派12名、「二六会」8名であり、少数与党の状態は変わらず、苦しい町政運営が続くことになる。

2　2004年1月18日町長選に向けて

2003（平成15）年7月5日、『新潟日報』に「笹口町長三選不出馬へ」というスクープ記事が載った。7月12日笹口氏から「実行する会」の主要メンバーに説明がなされ、8月4日には巻町役場で記者会見が行われ、正式に三選不出馬が表明された。家業である酒造会社の経営に専念することが理由であった。この間も、原発推進派は次々と町長に攻勢をしかけ、7月16日には、合併について住民の意思を聞かなかったことを理由とする町長の給与30％減額条例が議会で可決され、8月2日には5度目になる合併住民投票条例案を可決している（いずれも町長の再議で廃案）。

推進派からは、前回選挙で惜敗した田辺新が再出馬の動きを見せていた（正式な出馬表明は9月2日）。

合併も回避され、町有地訴訟の判決が最高裁で変更される心配はしていなかったが、裁判所は高裁、最高裁と上にいくにつれて時の権力や政治による影響力が高まることも事実である。判決逆転の屁理屈を考えようとすれば、まったくできないものでもない。万が一の事態が絶対にないとはいいきれない。

条例に基づく住民投票から7年を経てなお原発問題に決着をつけられず、議会での少数与党の状況も変わらず、推進派は日に日に原発推進活動を強めていた。町民の間にはかつてのような緊張感はなく、厭戦気分すら漂っている。町長選に勝つのは容易なことではないが、「実行する会」には町民との約束がある。原発問題を町民意思に沿って最終的に決着させるまで町長職は守り続けなければならない。そうでなければ、原発推進勢力が完全に息を吹き返し、巻町は推進派が幅をきかせるかつての姿に逆戻りしてしまう。もちろん、町有地訴訟の最高裁上告不受理決定だけで原発に決着がつくのかどうか、この時点では知る由もない。

「実行する会」にとって候補の選定が急務となった。メンバーをつらつら眺めまわして、私には一つの腹案が生まれた。妻の高島敦子である。「実行する会」の発足当初から毎日のように事務所に詰め、事務処理、雑務のすべてを中心となって切り盛りしてきた。議員2期8年の経験もある。懸念材料があるとすれば、革新系であり、「原発反対」の高島民雄の妻ということが「実行する会」の候補としてふさわしいかどうか、町民の反応はどうかということだった。

しかし、女性であることや短くはない議員経験などから、問題は克服可能であるように私には思われた。田畑護人、「実行する会」代表大越茂も賛同してくれた。本人が承知すれば、「実行する会」のメンバーにも異論はないであろう。

問題は、議員活動にも嫌気がさして辞めた彼女に、この無理難題を引き受けさせることができるかどうかである。時間をかけ本気で要請できたのは9月に入ってからのこと、他に出馬の動きも見え、心配もしたが、9月13日に初めて本人の口から前向きな言葉が聞けた。

「議員選挙で力を貸してくれた同級生たちにもう無理は頼めない、選挙の体制はしっかりできるのか。両親も弱ってきて、買い物の手伝いなども大変だ。あなたの協力は大丈夫なのか」もっともな心配である。私はすべて請け負うことを約束した。

「実行する会」では、2003（平成15）年10月29日の会議で本人の起意表明を受け、高島敦子で町長選を戦うことが確認された。10月31日「二六会」への起意表明の際に、少しの混乱はあったようだが、大沢町議を後援会長とし、出馬の記者会見を11月4日に行うことが了承された。

もっとも、社民党巻支部からはまたも異論が出た。大越の話では、11月2日幹部二人が大越宅を訪れ、党には検討する時間が必要で、協力できるかどうかはわからないこと、この指とまれ式の選挙は納得いかないこと、第三の候補が出ることもありうることなどを大越に伝えていったということであった。前年の合併をめぐるやりとりから驚くことでもなく、最初から当てにはしていない。人は変わっても、20年前に私が町長選に立候補したときと寸分違わぬこの反応、官僚主義そのもので、住民の切実な思いからは最も遠いところで論議していて、しかもそのことに気づいていない。妨害さえしなければそれでよい。

ただ、中村正紀氏はここでも例外であり、議員の勝子さんと共に最後まで真剣にこの選挙戦を闘い抜いてくれた。同氏は私の支援要請に「桑原さんとも話はしており、基本的に了承する。ただ、選挙活動がよく見えるように留意してほしい」「社民党もいずれついてくる」と述べていた。「住みよい巻町をつくる会」の桑原氏ほか多くのメンバーも選挙運動に積極的に加わり、最後まで力を尽くしてくれた。

3　巻原発計画を白紙撤回した東北電力

田辺候補は、町民心理に付け込むかのように、「原発にこだわりすぎ、他の町政課題がおろそかにされてきた」「これからは合併による町づくりが大事」などと相変わらず、原発の争点隠しに終始する。明らかに原発推進の立場でありながら、「町有地の売却で原発問題は終わった」

といった演説も平気でしていた。

先行する田辺陣営に対し、出馬会見翌日の２００３（平成15）年11月5日が「実行する会」の事実上の選挙戦のスタートとなった。諸団体への挨拶まわり、支援要請をし、事務局体制も整い、チラシ配り、ポスター貼り、街宣行動、地域でのミニ集会の開催等の活動が軌道に乗り始めた12月18日衝撃的な情報が飛び込んでくる。

12月18日、長岡市からの帰路、回転寿司店で昼食をとっていると、私の携帯電話が鳴った。私の法律事務所の事務員の乙川美智子からの電話である。彼女は自分を落ち着かせるかのようにゆっくりとした口調で話した。

「先生、今最高裁から電話がありました。今日、町有地裁判で、上告を受理しないという決定をしたそうです」

「おお、そうか！」

自分の大きな声に気づいて、店の外へ出てその詳細を確かめた。この知らせは、もちろん諸手を挙げて喜ぶべきことで、衝撃的な情報はこれではない。

私は新潟日報のある記者から、「もし上告不受理の決定がなされたら、私に真っ先に知らせてください。お伝えすることがあります」と頼まれていた。約束どおり、その場で彼の携帯の電話番号を押した。すると、彼はこう話し出した。

東北電力、原発計画白紙撤回を決める（『新潟日報』2003 年 12 月 19 日）

（第三種郵便物認可）　（日刊）新潟日報　2003年（平成15年）12月19日（金曜日）

巻原発 白紙撤回へ

町有地訴訟 最高裁 推進派の上告不受理

国計画初の断念

東北電、構想32年

西蒲巻町の巻原発計画地の町有地売却をめぐる住民訴訟で最高裁は、原発推進派ら原告側の上告を不受理とする決定をし十八日、関係者に伝えた。これを受け、東北電力（本店・仙台市）は同日、巻原発計画を白紙撤回する方針を固めた。複数の東北電力関係者が明らかにした。国の電源開発基本計画に組み込まれた原発計画の「断念」は初めて。取得した建設用地は将来的には手放す方向だ。計画浮上から約三十五年、一九七一年の正式表明から三十二年の混乱と対立の歳月を経た計画が、終息へ動きだした。

相次ぐ事故やトラブル隠しで原子力行政への風当たりが強まる中、今月には関西、中部、北陸の三電力会社が珠洲原発（石川県）の「凍結」を表明。それに続く今回の東北電力の決断は、全国の新規立地に大きな影響を与えそうだ。

東北電力は二〇〇四年度以降、現地立地担当の「巻原子力建設準備本部」（約三十人）を改組、段階的に縮小していく。

供給計画から巻原発を削除するかは、国、県、巻町などと協議を重ねた上で決断する。

建設予定地（約二百二十万平方㍍）の買収済みの土地や予定地の約五％については「資産として所有し続けることはなく、将来的には手放す」（同社幹部）方向で調整していくもよう。

これまで巻町と岩室村に支出してきた原発協力金約三十九億円や、地元漁協への漁業補償費約四十八億円については「残念だが、これ以上町を混乱させたくない」（同）との意向で、返還請求はしないものとみられる。

巻原発計画は、七九年に国から「要対策重要電源」に指定された。八一年には、国の電源開発調整審議会を通過して、電源開発基本計画に組み込まれてきた国策。

しかし、九六年に同町で行われた全国初の住民投票で、六割の町民が「原発に反対」の意思を示した。

さらに景気の長期低迷による電力需要の伸び悩み、電力会社の経営合理化が迫られる中、建設への展望が見えないまま維持費がかさむ巻原発計画を重荷とみる関係者も多かった。

売却手法 違法性なし
「混乱に終止符」は妥当

巻原発用地訴訟で最高裁第一小法廷（島田仁郎裁判長）が十八日、原発推進派の上告を不受理としたことで、原告側の請求を全面的に棄却した二審東京高裁の判決が確定した。

訴訟は、笹口孝明町長の随意契約による町有地売却の手法が争点となっていた。

原告側は、笹口町長が原発計画地内の町有地を原発反対の町民二十三人に随意契約で売却したのは「裁量権の乱用」として、違法性を訴えてきた。

しかし、二審は笹口町長の裁量権を広く認めた上で、被告側が主張する「原発を阻止し、町政の混乱に終止符を打つという政策目的による土地売却」に違法性はないとの判断を下した。

笹口町長は一九九九年八月、炉心予定地付近の町有地七百四十三平方㍍を、原発反対の町民に千五百万円で売却。これに対し原発推進の町民ら五人は二〇〇〇年五月に住民訴訟を起こしたが、〇一年三月の新潟地裁、〇二年三月の東京高裁でいずれも棄却され、上告していた。

当然の結果 笹口町長

われわれの全面勝訴であり、町有地売却の正当性が認められたと理解している。これ以外の判決が出ることは考えられず、当然の結果だと思う。この決定に東北電力、国、県がどのような反応を示すのか注目している。もし、今まで通り必要と言えば、土地の強制収用を意図していると思わざるをえず町民の意思を踏みにじるもの。この決定を機会に思い切って白紙撤回を宣言してほしい。

計画厳しい

東北電力の幕田圭一社長の話　このたび不受理決定がなされたと聞き、大変残念に思っている。今回判決が確定したことによって、当該土地は町有地に戻らないことになり、巻原子力発電所計画にとって非常に厳しい状況になったと認識している。当社としては、巻原子力発電所計画の今後の対応策について、できるだけ早期に結論が得られるよう、総合的に検討する所存である。

早く撤回を

平山征夫知事の話　これで巻原発の建設は不可能になった。地元が原発推進派と反対派に分かれ、いがみ合ってきた歴史を考えれば東北電力には計画撤回を早急に判断してもらいたい。国も異論はないはずだ。県も推進の立場だったが、この司法判断を重く受け止める。地元の両派には新しい町の発展のために力を合わせていただきたい。

空から見た巻原発建設予定地＝巻町角海浜、1996年撮影

「先生、これで東北電力は巻原発計画から撤退します。この裁判の結果でそうすると決めていたのです」「明日の朝刊に私が万感の思いを込めて記事にしますから、是非読んでください」

前記のとおり、原発推進派は日に日にその宣伝活動を強めていた。にわかには信じがたい情報である。

「本当なのか？」

「間違いありません」

彼の言うとおり、翌日の『新潟日報』は一面トップで「巻原発　白紙撤回へ」という大見出しを掲げ、最高裁の上告不受理決定とあわせて、東北電力の巻原発計画からの撤退を報じた。加えて、「これで巻原発の建設は不可能になった。地元が原発推進派と反対派に分かれ、いがみ合ってきた歴史を考えれば、東北電力には計画撤回を早急に判断してもらいたい。国も異論はないはずだ。県も推進の立場だったが、この司法判断を重く受け止める。地元の両派には新しい町の発展のために力を合わせていただきたい」という平山征夫新潟県知事のコメントまで載っている。関係者のこうしたすばやい意見表明は、記者の情報の信ぴょう性を高めるものであった。

だが、この情報が真実であることを願いながら、私はじつは困惑もしていた。２００４年（平成16）年1月13日告示、投票日1月18日、町長選挙は目の前に迫っている。情報が真正なものとして、その確証はどうやって得られるのか、そしてそれが事実だとして、この情報は町長選挙にどのように影響するのだろうか。

われわれの選挙の主要テーマはどこまでいっても原発である。原発問題が消えたら町長選挙はいったいどうなるのか。あれほど悩んだ末に覚悟を決めて選挙運動を頑張り続けている妻のことが気がかりだった。諸々のことが頭の中を駆けめぐる。妻はその後も気丈に振る舞ってはいたが、内心の動揺は痛いほどわかった。

原発計画は本当になくなるのか？　巻町民、県民が注視するなかで、東北電力は2003（平成15）年12月24日に臨時取締役会を開いて、巻原発計画の白紙撤回を決め、翌日その旨を新潟県に報告した。情報は本物であった。

さて、町長選である。原発が「実行する会」のメインのテーマであることに疑いはないが、候補者本人はその他のあらゆる町の課題をすべて引き受ける覚悟を持って出馬を決めている。原発がなくなったからといって出馬を取りやめることにはならない。それは、町民を愚弄するものとの非難を候補一人にすべて負わせることを意味する。ありえないことだ。

だが、心配したように、選挙の士気には明らかに影響し、会議では「立候補をやめればいい」という意見まで飛び出した。救われたのは、この事態を踏まえて妻の同級生が考えてくれた新たな選挙コピー「原発のない町づくりの総決算を高島敦子の手で」であった。ほどなく会議でも撤退論はおさまり、最後まで選挙戦を闘い抜くことが総意で確認された。反対運動を共にしてきた仲間たちは、なにごともなかったかのように選挙運動を担い続けてくれていた。

とはいえ、町の空気は明らかに変化した。原発さえ決着すれば、みんな早くあの住民投票前の地域の絆、人間関係を取り戻したいのだ。街宣車に手を振ってくれる人の数も目に見えて減っていく。

1月17日選挙戦の最終日、田畑を誘って午後から最後の街頭宣伝に出た。「実行する会」住民投票運動の初めから、自家用車にスピーカーを乗せヘッドマイクをつけて数え切れぬほど繰り返してきたいつもと変わらぬ私の町民に対する呼びかけである。町の隅々まで車の通れる路地という路地が最適な順路とともに頭に叩き込まれている。「賛成の人も住民投票へ」などとよくも言えるものだという批判を耳にしたこともある。

今日は田畑が運転し、私はマイクを握る。容赦なく時間が過ぎていく。拡声器の声だけが響きわたる夕闇せまる小路を、影絵のようにご婦人が一人うつむき加減に車とすれ違う。

結果大敗に終わった選挙だが、不思議とこの時点での私はまだ敗北必至とは思っていない。東北電力の原発撤退表明以来、ずっと心配だった仲間たちの選挙への取り組み、覚悟を決めて苦しい選挙を戦い続けてきた候補のために何とか最後までこの選挙は手を抜かずにやり抜いてほしい、それだけが、今日この日まで、誰にも言えず願い続けてきたことだった。その願いも叶えられた。桑原氏をはじめ反対運動を共にしてきた仲間たち、「実行する会」の仲間たち、みんな本当に最後までよく頑張ってくれた。これで妻も報われる。

ずいぶん長いことやってきたものだ。数十年の運動の一コマ一コマが脈絡もなく浮かんでは消える。これで終わるのかな。全身から力が抜けていく。ちょうど、武田又ェ門が退職して始めた「をとなの住処 居酒や 又」に車が差しかかった頃、知らず声が上ずり、語尾がかすれた。それと察した田畑が車を止め、

「武田さんのところで少し休むか」

武田氏は開店前の準備をしていた。カウンターに座り、二人で水をもらう。こらえていた涙がとめどもなく流れ出した。両手で顔を覆い、あたりはばからぬ大声で背中を震わせて泣いた。田畑も私に背を向けて泣いていた。突然のことに驚いたのは武田氏で、「どうした、どうした」と私のうしろにまわり、両手で肩をさすってくれていた。この涙のわけを、私は今も整理できないでいる。

町長選挙の結果は、田辺新1万7997票、高島敦子6605票。そして、巻原発は白紙撤回され、私の巻原発阻止の闘い、「実行する会」の住民投票運動は終わった。

おわりに

巻原発をめぐる闘いはその発覚から白紙撤回まで34年の長きにわたる。私も長くこの運動に関わり続けてきたが、「はしがき」で述べたとおり、そこに運動を勝利に導く打ち出の小槌のようなものは一つもない。

巻町には、確かな勝利の展望も描けないなか、ただ愚直に必死に原発の危険性ほか諸々の問題点を町民に訴え続けてきた人たちがあり、巻町固有の政治風土、自治体としての特性、既述の多くの偶然、偶発的事象や敵失などの幸運にも助けられ、それらが原発の建設必至というぎりぎりの場面で登場した「実行する会」の町民総がかりの住民投票運動に結実して、この勝利はもたらされたのである。

本文で詳しく述べたことを含めて、巻原発白紙撤回に寄与したと思われる偶然、偶発的事象、幸運などをあらためて整理すると次のようになる。

保守系2派による原発利権の奪い合いで町政が長く不安定であったことが反対運動に時間を

与えてくれたこと、市民運動にとっての巻町の自治体としての適性規模、譲り受け時にははっきりしていなかった「地主会」の土地が海面下ではなく陸にあったこと、東北電力の強引な設置許可申請、原発建設に不可欠な敷地内の旧墓地が裁判で町有地と確定したこと、長谷川町長の町有地売却斡旋交渉が東北電力の拒否で不調に終わったこと、自主管理住民投票の5日前に発生した阪神淡路大震災、臨時町議会の流会、住民投票条例のハプニング可決、佐藤町長リコール時の高速増殖原型炉「もんじゅ」のナトリウム漏洩事故、笹口町長再選時の東海村㈱JOCの臨界事故。これほどの偶然、偶発的事象の積み重なりがあり、そのうちのいくつかはそのときどきに決定的ともいえる影響力をもってわれわれの運動を後押ししてくれたのである。

もっとも、どのような偶然、幸運に恵まれようが、それを看過し運動の力にすることができなければ何にもならない。それを活かせるかどうかは人次第、どのような苦境にあってもあきらめず、めぐりくるチャンスを見逃さず、遂には運動を勝利に導いた人々がこの巻町にはいた。あえてグループ分けするならば、一つは数十年という長い間いくつもの困難を乗り越えて粘り強く闘い続けた原発反対運動の担い手たちであり、そして、もう一つが運動の最終章を飾った「巻原発・住民投票を実行する会」の面々である。巻原発白紙撤回の勝利はこれらの人たちの存在なしにはありえなかった。そのこともまた疑いを入れる余地のない事実である。

以上、学生時代に始まる私の巻原発反対運動、1994(平成6年)年9月に始まる「実行する会」の住民投票運動、そのなかで私が見聞きし経験した出来事、そしてその折々に私が考え感じてきたことのほとんどすべてを本書に書き遺すことができた。

別のテーマ、他の地域で参考にできることは何もないのではないかと私が考えていたことはともかく、本書のなかに、全国の原発立地点で国や自治体、電力会社と闘い続けている人たち、そして全国各地で地域の諸問題に取り組んでいる人たちにとって、これからの運動の参考にできる何かが含まれていて、それが多少なりともその方々の役に立つことがあるのなら、望外の幸せである。

最後に、本書の内容に巻原発住民投票運動のドキュメントとしての一定の価値を読み取り、出版へと私の背中を押してくれた大学時代の友人、弁護士阿部裕行、同佐藤克洋両氏、そして本書出版を快く引き受けてくださった現代人文社社長成澤壽信氏、懇切丁寧に校正等の労をとってくださった守屋克美氏に深く感謝申し上げたい。

苦悩の末に、巻町民は最も民主的な方法で町の進むべき確かな方向を確認したのである。もう終りにしてもらわなければならない。

法と正義に忠実である限り、本訴においてなさるべき判決はおのずから明らかである。裁判所の公正な審理と適正な判断を切に望む。

させる記述である。……町長は、常に住民の最大多数の利益を図り福祉を増進しその幸福を追求すべき行政上の責務を有している。原告らの主張事実が何故に笹口町長の行政執行を主張のごとく拘束し得るのかまったく理解できない。そして、その主張事実のもとで、被告らの本件土地買受け行為が東北電力に対して何故に信義則違反となり、本件売買の無効事由となるのか、その理解はさらに困難である。

第三　本件売買の背景事情（１～６は本文に記述したところと重複するのでほぼ表題のみとする。）

１　「実行する会」の発足と自主管理の住民投票

……本訴原告真田徳之助は佐藤町長のもとで総務課長の職にあった者、同山賀小七は当時の町議会議長、同川村茂、斉藤和伸は町議会議員、いずれも熱心な原発推進派として町民に知られる者である

２　町有地売却

３　平成７年４月町議選と住民投票条例の制定

４　条例の改正と住民投票の先送り

５　町長リコールと笹口町長の誕生

６　住民投票とその結果

７　その後の経過

右に述べた経緯を有する巻町の住民投票である。多くの犠牲が払われ、信じがたい程の町民の労力がここに注がれている。そして得られた巻町の取るべき結論である。誰もがこれで原発問題は終息し、巻町民は心をひとつにして新しい町づくりに取り組んでいけるものと考えた。

ところが、東北電力、国そして原発推進派の一部の人たちはこの結論を受け入れようとせず、原発建設を主張し続けた。そして、近時、彼等は推進広報紙の町内全戸折り込みや原発施設等への見学会など住民投票前とまったく同様の推進活動を再開するに至ったのである。

かかる状況にあって、「実行する会」（現在の代表は、被告大越茂）は本件土地の買い取りを決意することとなる。その事情は前記のとおりである。

８　まとめ

本件土地売買に至る経緯は右のとおりである。住民投票運動がおきてからでも丸５年、東北電力の計画発表からは30年が経過する。巻町民はこの間ずっと原発建設是か非かの対立抗争の中にあった。親戚同士友人間で意見が対立し、職場では意見を押しつけられ、商人は自分の考えを述べるだけでも商売上の不利益を覚悟しなければならなかった。その

る。その余の主張は否認する。迅速を旨としたのは、後記第三で述べるとおり、東北電力や原発推進派が、自分たちの政治目的のためには自治法に定める住民の基本的権利さえ平気で蹂躙する者であり、本件についてもいかなる妨害行為があるやも知れないことを心配したためである。
5.認める。

3 （細かな法律論につき省略）

4 （財務規則違反の主張に対する認否と反論）

財務規則は、地方公共団体の長が、その権限に属する事務に関し制定するものである（自治法第15条第1項）。格別の制定手続きもない。長が自らの補助機関に対し事務処理の基準、方法等に関し内部的規律を示したものであって、地方公共団体の行為の効力を左右するものではない。町長は決済権者として予定され、町長が自ら事務処理に当たる場合のことは想定されていない。本件では、前記のとおり、町長が自ら契約の相手方を選定し、契約の締結、履行に当たっている。執行伺いや稟議書の作成がないのはそのためであって、何ら異とするに足りない。もっとも、規則の中には、随意契約の妥当性（適法性ではない。）を確保するための規定と思われるものもある。しかし、かかる観点からみても笹口町長の本件随意契約の締結に何ら不当とすべき点はない。前記のとおり、本件土地は、「荒廃した不毛の土地」、そして本件売買の目的は前記のとおりである。1500万円を超える「予定価格」などあり得ないし、又、本件売買の目的を承引して1500万円を上回る代金で買受けを希望する者が被告らの他にあることもおよそ考えられない。「二人以上の者からの見積書の徴求」も必要はない。

売買代金の収受に関しても、本件においては、契約締結と同時に現金で支払いが行われたのであるから、収入通知、納入通知がないのは当然である。当該代金は、町の収受機関収入役職務代理者会計課長（現在、町に収入役は不在）に町長から渡され、町としての収受が適式になされている。職務代理者の領収書が被告らに交付もされている。

5 ……（本件売買について）被告らができるだけ内密にそして迅速な事務処理を旨としたのは、前記のとおり、主権者住民の意思の表明すら妨害しようとし、自治法に定める住民の基本的権利さえ平気で踏みにじる原発推進派の人たちが、今回の適法行為に対しても再び手段を選ばぬ妨害にでる恐れがある、唯一この点を懸念したからである。

6 （「本件売買が東北電力に対する信義を損ない違法である」との主張に対する認否と意見）

原告代理人の員数とともに、本件訴の実質的原告が誰であるかを考え項［現17項］につき……規定の文理上は、地方公共団体の行為については、いやしくも法令違反が認められる限り、つねに無条件で無効と取り扱われるべきもののようにも読めるが、そのような解釈はおそらく正当ではあるまい。)」そして、一般競争入札によるべき場合に指名競争入札によった違法な契約を有効とした昭和35年8月11日千葉地裁判決を引用して、これを概ね妥当な見解とする。「いかなる軽微な法令違反であっても後日全てその効力が覆滅せらるべきものとすれば、つねに住民多数に利害関係をもつ地方公共団体の行為の性質上、それによって生ずる不必要な混乱、損害は甚大なものとなる場合が少なくない……。したがって地方公共団体の或る行為が或る法令に違反する場合、当該規定の重要性、当該行為と同種行為に関する従来からのいきさつ、それに対する関係者その他一般住民の態度を総合勘案したうえ、その効力を決すべきものとするのが相当である。」そして、同氏は、「このことは、……法定の要件がないのに随意契約をしたような場合についても同様である。」と結んでいる（判例時報1177号182頁)。

⑶被告らは、本件土地の買受けに先立ち、「買受人の一人である地方自治法に精通した弁護士である」（訴状27頁）高島民雄から、本件土地売買をめぐる法律上の問題点について説明を受けた。高島は、本件売買の法的ポイントは、町長の売却権限と随意契約という売却方法の二点であること、しかし、法令の規定、最高裁判決等に照らして、本件売買が違法行為と言われるようなことはまったく考えられないとの意見を述べ、他の被告らはこの説明に信頼して、少なからぬ金員の出捐をともなう本件土地の買い取りを決めたものである。

第二　請求原因に対する認否（主要な点以外は省略する。)

1　訴状請求原因第一、一、二（当事者）認める

2　同第二、1.（売買）認める。2.随意契約の方法によったこと認める。法令違反は前記のとおり争う。適法である。3.東北電力の取得面積、不知。本件土地の形状、状況、概ね認める。但し、本件土地は公道（赤道）に接している。本件売買の目的は前記のとおりである。その利用方法について、現在被告らの間で様々な意見が出されている。4.本件契約の締結履行には、代理人として高島が当たったこと、契約の締結、売主買主の各履行行為がその日のうちに終わったこと、認め

む者などの参加を防ぐことができず、本件売買の目的を達成することができなくなる。その目的から買受人資格はおのずから限定されるのであって、本件売買で機会の均等を保障することは不可能である。

⑶本件売買は随意契約により得る要件を満たしている。この場合には、右最判も述べるように、価格の有利性が多少犠牲にされることも許されることになる。しかし、本件売買では、町にとっての価格の有利性も害されてはいない。本件土地は、前記のとおりの「荒廃した不毛の土地」であるが、被告らがその代金として、佐藤前町長が平成7年2月東北電力に売却しようとした価格を上回る1500万円を提供したことは前記のとおりである。

3　本件売買は有効である。

⑴右に述べたところから、随意契約による本件売買の適法性は明らかである。そうである以上、契約の効力が問題となる余地はないが、念のため一言しておけば、次のとおりである。

⑵原告らが引用する昭和62年5月19日最判は、隋意契約の要件違反と契約の効力について、次のとおり判示している。「……かかる違法な契約であっても私法上当然に無効になるものではなく、随意契約によることができる場合として前記令の規定に掲げる事由のいずれにも当たらないことが何人の目にも明らかである場合や契約の相手方において随意契約の方法による当該契約の締結が許されないことを知り又は知り得べかりし場合のように当該契約の効力を無効にしなければ随意契約の締結に制限を加える前記法及び令の規定の趣旨を没却する結果となる特段の事情が認められる場合に限り、私法上無効になるものと解するのが相当である。」「けだし……契約の相手方にとっては、そもそも当該契約の締結が、随意契約によることができる場合として前記令の規定が列挙する事由のいずれに該当するものとして行われるのか必ずしも明らかであるとはいえないし、また、右事由の中にはそれに該当するか否か必ずしも客観的一義的に明白とはいえないようなものも含まれているところ……」

右のように述べて、この判決は、随意契約の要件に該当せず違法と判断した売買契約を有効とした。

右最判は、それまでの学説判例の傾向に添いながら、さらに無効とすべき場合を厳しく制限したものである。たとえば、原告代理人関哲夫教授なども次のように述べていた。「(自治法2条16

の性質又は目的に照らして競争入札の方法による契約の締結が不可能又は著しく困難というべき場合がこれに該当することは疑いがないが、必ずしもこれに限定されるものではなく、競争入札の方法によること自体が不可能又は著しく困難とは云えないが、不特定多数の者の参加を求め競争原理に基づいて契約の相手方を決定することが必ずしも適当ではなく、当該契約自体では多少とも価格の有利性を犠牲にする結果になるとしても、普通地方公共団体において当該契約の目的内容に照らしそれに相応する資力、信用、技術、経験等を有する相手方を選定し、その者との間で契約を締結するという方法をとるのが当該契約の性質に照らし又はその目的を究極的に達成する上でより妥当であり、ひいては当該普通地方公共団体の利益の増進につながると合理的に判断される場合も同項２号に該当するものと解すべきである。」「そして、このような場合に該当するか否かは、契約の公正及び価格の有利性を図ることを目的として普通地方公共団体の契約締結の方法に制限を加えている前記法及び令の趣旨を勘案し、個々具体的な契約ごとに、当該契約の種類、内容、性質、目的等諸般の事情を考慮して当該地方公共団体の契約担当者の合理的な裁量判断により決定されるべきものと解するのが相当である。」

施行令の要件は抽象的であって、一義的にその内容を確定するのは困難である。原告らが主張するように、随意契約により得る場合を、「会計令」の定める事由に限定することなどできないし、まして学者が想起しうる契約類型にその範囲を制限すべき理由もない。機会の均等と価格の有利性の２点から一般競争入札を原則としかつ契約の目的によっては随意契約によることができるとした法及び令の趣旨から、個々具体的な契約ごとに諸般の事情を考慮してその許否が決定さるべきものである。そして、検討すべき事情が多岐にわたりそこに政策的判断が含まれる場合があることからすれば、その判断に「契約担当者」の「裁量」が認められるのも当然のことと云ってよい。

⑵本件売買は、前記のとおり、原発建設に不可欠な本件土地を住民投票の結果を尊重しうる買主に売却することによって、住民投票に示された住民意思に添って原発問題の最終決着を図るという明確な政策目的にもとづくものである。

これを一般競争入札に付するとすれば、東北電力或いはその意を受けた者そして東北電力への転売目的を持って買い取りを目論尊重する町政の方針に合致する」とし、そして買受人ら（被告ら）が本件売買の目的に適う者であることを確認して、これを承諾した。

平成11年8月30日、巻町役場町長室において、助役、総務課長立ち会いのもと、笹口町長と買受人ら代表高島民雄との間で、本件売買契約の締結そしてその履行行為が行われた。

⑹本件売買契約の経緯は、右に述べた通りである。本件売買は、原告らが主張するような一般的な町有地の売払いではない。原発建設に不可欠な本件土地を住民投票に示された住民意思を尊重し得る買受人に売却して原発問題に決着をつけ、もって、巻町における原発建設をめぐる不毛な政治的対立とそれによってもたらされる町政の混乱と停滞に終止符を打ち、町民一丸となった町づくりを目指す、明確な政策目的にもとづいた売買である。

⑺訴状には、住民投票条例が町長に東北電力以外の者への売却を認めていないから、町長に本件土地売買の権限はないかの如き記述がある。もとより、財産の管理処分権は町長に専属する（自治法第149条）。条例の授権は必要ないし、仮に条例で売却を禁止したとしても条例の方が無効になる（同法第14条第1項）。本件土地の面積から議会議決の必要はなく、町長の本件土地売却の法的権限に何ら問題はない。

そして、政治的政策的観点からみても、本件売買は、住民投票に示された主権者住民の意思を具体的に執行する行為であり、又、町長に結果の尊重を義務付ける住民投票条例を制定し今もこれを維持する巻町議会の意思にも適うものであって、笹口町長に対する原告らの政治的非難も全くいわれのないものである。

2　本件随意契約の適法性

⑴自治法234条によれば、普通財産の売却方法は原則として一般競争入札であり、随意契約は政令で定める場合に許されることになっている。そして、自治令167条の２、１項２号は、「その性質または目的が競争入札に適しないもの」をするには随意契約によることができるとしている。この要件の解釈について、昭和62年３月20日最高裁判決は、原告らが引用を省略した部分も含めると、次のように述べている。「『その性質又は目的が競争入札に適しないものをするとき』とは……契約の相手方がおのずから特定の者に限定されてしまう場合や契約の締結を秘密にすることが当該契約の目的を達成する上で必要とされる場合など当該契約

会」(以下、「実行する会」という。) の構成メンバーおよび同会の運動を支持する者である。

⑵第三、背景事情で述べるとおり、平成８年８月４日巻町で、条例に基づき町民に原発建設の賛否を問う住民投票が行われた。その結果は、投票総数２万503票 (投票率88.29%)、原発建設反対が１万2478票 (60.86%)、賛成が7904票 (38.55%) となり、原発建設は認めないとする巻町民の意思が明確に示されることとなった。

⑶この住民投票の明白な結果により、原発問題は終息し、計画の公表以来25年間にわたった原発建設をめぐる町政の混乱も終り、町民もその対立抗争から解放されるものと巻町民の誰もが考えた。

ところが、東北電力、国、そして原発推進派の一部は、投票に示された住民意思を受け入れようとせず、住民投票から数年を経て、原発推進「広報誌」の全町配布や原発施設等の見学会など、かつて行われてきた原発建設推進活動を再び公然と開始するに至った。

こうした活動が拡大継続されていくとすれば、巻町民が血のにじむ思いで出した原発問題の最終結論は反故とされ、町政は再び混乱停滞し、巻町は町民同士がいがみ合い対立抗争する住民投票前の状態に逆戻りすることになってしまう。

⑷かかる状況にあって、「実行する会」は、住民投票による原発問題の決着を町民に呼びかけその結果を町政に反映させることを町民に約束してきた団体の責任として、住民投票の結果に従い原発問題に最終決着をつけ、巻町が不毛な政治的抗争から脱却して町政の前進が図られるように、自分たちで、原発建設に不可欠とされる本件土地を町から買い受けることを決断した。本件土地は、訴状にあるように「近年まで墓地の用に供されていたものであり、かつ、日本海までわずか数百メートルの位置にある荒廃した不毛の土地」である。原発の敷地とする以外に、市場価値など全く見込めない土地であるが、後記第三背景事情で述べる、本件土地をめぐる従前のいきさつ等を考慮し、その代金額は敢えて、平成７年２月佐藤町長が東北電力に随意契約で売却しようとした時の価格を上回る1500万円を用意することとして、被告らは本件土地の買い取りを申し出た。

⑸笹口町長は「実行する会」の申し入れを、「住民投票の結果を

〔資料4〕町有地訴訟――答弁書（一部省略）

平成12年（行ウ）第6号

原告　（省略）

被告　巻町長ほか23名

平成12年7月12日

被告本人兼巻町長を除く被告22名訴訟代理人

弁護士　　　高島民雄

新潟地方裁判所第1民事部御中

答　　弁　　書

請求の趣旨に対する答弁

1　原告らの請求を棄却する。

2　訴訟費用は原告らの負担とする。

との判決を求める。

請求の原因に対する答弁

本訴請求原因には、原告らの原子力発電に関する政治的主張や巻町町政のあり方をめぐる政策的意見にとどまると思われるものが数多く含まれている。それら事実にもとづく法的主張の整理も不十分である。訴状の構成に添ってその認否を述べることは、本件裁判の法的争点を曖昧にしてしまう恐れがある。そこで、被告らの答弁は、まず、被告らが本訴の法的争点と考える事項について、事実にもとづいて基本的主張を述べ（第一、本件売買は適法かつ有効である。）、次に請求原因に対する認否をし（第二、請求原因に対する認否。）、そして最後に、本件訴の政治的意図そして本件判決の意義等に関し、裁判所の理解を得る上で有用と思われる範囲で、従前のいきさつ等についても（第三、本件売買の背景事情）、簡単に触れることにする。

第一　本件売買は適法かつ有効である。

1　本件売買の目的

⑴被告らは、いずれも西蒲原郡巻町の住民であり、巻町角海浜に東北電力株式会社（以下、東北電力という。）が計画していた原子力発電所建設の是非は、住民投票により主権者たる巻町民の意思を確認してから決すべきことを町民に訴えて平成6年10月に結成された町民有志のグループ「巻原発・住民投票を実行する

契約締結が許されないことを知り、又は知り得べかりしこと

最判昭和62年5月19日は、随意契約の制限に関する法令に違反して締結された契約の私法上の効力について、「契約の相手方において随意契約の方法による当該契約の締結が許されないことを知り又は知り得べかりし場合のように、当該契約を無効としなければ随意契約の締結に制限を加える前記法及び令の規定の趣旨を没却する結果となる特段の事情がある場合」においては、当該契約は、違法たるにとどまらず無効であると判示する。

本件土地の売買契約の締結にあたっては、被告買受人らの一人で地方自治法に精通した弁護士である高島民雄が関与していることから、被告買受人らは、本件土地の買受けについて随意契約の方法による契約の締結がゆるされないことを当然知っていたはずであるし、またはすくなくともこれを知るべきであった。

本件売買を秘密裏に行ったことは、買受人らが本件売却契約の締結が違法であり、法令上随意契約の方法によることができないことを明らかに認識していたからである。

これらの事実は、本件契約の締結は、これを無効としなければ、随意契約の締結に制限を加える自治法などの趣旨を没却することになる特段の事情がある場合に該当する。

二　信義則違反

㈠一号機建設にかかる経緯について

巻町は、町議会及び町長が一号機建設に同意を表明した後に、建設に必要な町有地を訴外東北電力に売却するなど、これまで一貫して協力してきており、この協力・信頼関係のもと、……一号機は昭和56年に電源開発基本計画に組み入れられた。

(その経緯を縷々述べて……)

このことは、訴外東北電力と巻町が、原子力発電所立地地点の公表以来約30年の長きにわたり、共存共栄の認識のもとに、相互理解と信頼関係の絆を深めてきたからこそなし得たものにほかならない。しかるに、被告町長笹口孝明が、訴外東北電力との従来の関係を十分知りながら、公共の財産である町有地を突然反対派住民に売却したことは、これまでに両者間に築きあげられた信頼関係を踏みにじるものであり、行為の継続性という観点からも許されず、東北電力に対する関係で、明白に信義誠実の原則に違反する行為である。東北電力との信頼関係を不当に破壊する行為として違法、かつ無効である。

⑵動機の不正・他事考慮

被告町長が、本件土地を随意契約の方法により原発建設反対派に属する被告買受人らに譲渡したことは、以下に述べるとおり、裁量権の範囲を著しく逸脱しており、その濫用にあたる。

すなわち本件土地の売買契約は、売手の被告町長においても買い手の被告買受人らにおいても訴外東北電力による一号機の建設を阻止することを唯一の目的としてなされている。

このような本件土地の譲渡は不正の動機に基づくものであり、同様に契約の公正の確保を目的とする自治法及び自治令の趣旨と異なる他事考慮によるものであるから裁量権の濫用として違法というべきである。

⑶平等原則違反

予決令は、随意契約による得る場合として「公益事業の用に供するため必要な物件を……事業者に売り払う」とき及び「土地、建物又は林野もしくはその産物を特別の縁故のある者に売り払」うときを挙げている。公益事業、縁故とも東北電力が該当する……。一号機の建設の妨害以外に本件土地を利用する目的を有しない被告買受人らに本件土地を売り渡したことは、契約相手方の選定につき平等原則違反の裁量権の濫用にあたり違法である。

二　本件土地の売却手続きの違法

巻町財務規則を無視し、これに違反する手続きで違法

㈠予定価格不設定・見積書不徴取の違法（本文で記述したので省略する。以下同じ）

⑴見積りのないこと、予定価格の不設定、複数からの見積書の不徴取

⑵執行伺、予定価格不設定の違法

㈡事案決定手続きの違法

通常の決裁手続きの不履行、稟議書のないこと

㈢会計手続きの違法

収支命令職員による収入通知、納入通知のないこと、領収書の発行がないこと。

第四　本件土地売却契約の無効

本件契約は違法であるだけでなく無効である。

一　被告買受人らが本件土地の売却契約につき随意契約の方法による

自治法施行令に規定があり、巻町財務規則にも同旨の規定がある。

(3)〜(5)被告町長は、本件土地売買が施行令の「その性質または目的が競争入札に適しない」場合に当たるとするが相当でない。(以下、施行令や予算決算及び会計令の条項の引用や学説の引用が長々と続き……)

(6)そうすると本件土地の被告買受人らへの売却は、「契約……の性質又は目的が競争入札に適」せず、随意契約の方法によることができるものとして自治令……が定める場合のいずれにも該当しない。

(二)随意契約の方法の選択における被告町長の裁量権の濫用について

(1)はじめに

行政事件訴訟法30条は、自由裁量処分といえども裁量権の濫用が認められるときは違法性を帯びる旨を明文をもって規定したが、このことは以下引用する最判が判示するとおり行政処分のみならず行政主体のなす私法行為についても妥当する。

最判昭和62.3.20は、自治令の「その性質又は目的が競争入札に適しない」契約に該当するか否かは、「契約の公正及び価格の有利性を図ることを目的として普通地方公共団体の契約締結の方法に制限を加えている前記法及び令の趣旨を勘案し、個々の契約ごとに、当該契約の種類、内容、性質、目的等諸般の事情を考慮して普通地方公共団体の契約担当者の合理的な裁量判断により決定されるべきものと解するのが相当である」と判示している。

右最判が「普通地方公共団体の契約締結の方法に制限を加えている法の趣旨」のひとつとして「契約の公正」の確保を挙げていることは重要であり、また契約の「性質又は目的が競争入札に適しないもの」であるか否かの判断を地方公共団体の担当者の「裁量」に属するとしつつも、その判断はあくまで「諸般の事情を考慮」した「合理的」なものでなければならないとして、裁量の羈束性を強調していることに注意しなければならない。

その裁量は羈束裁量と解すべきである……百歩譲って右の裁量を講学上の自由裁量と解するとしても、前記最判が判示するように右裁量判断は「合理的」に行わなければならず、裁量の範囲は制限されている。

〔資料3〕町有地訴訟――訴状（請求の趣旨と請求原因）

（要旨、抜粋）

訴　状

怠る事実の違法確認並びに所有権移転登記抹消登記手続等請求事件

原告　（省略）

被告　巻町長ほか23名

平成12年5月11日

原告ら訴訟代理人弁護士

伴昭彦、関哲夫、斎藤稔、野口和俊、三部正歳、菊池弘之

新潟地方裁判所御中

請求の趣旨

一　被告巻町長が、同被告を除く別紙当事者目録記載の被告らに対し、別紙物件目録記載の土地の引き渡しおよび同土地について新潟地方法務局巻出張所平成11年8月30日受付第5271号をもってなされた同日付売買を原因とする所有権移転登記の抹消登記手続きの各請求を怠ることは違法であることを確認する。

二　右被告らは、巻町に対し、右物件目録記載の土地を引き渡し、かつ同土地について新潟地方法務局巻出張所平成11年8月30日受付第5271号をもってなされた同日付売買を原因とする所有権移転登記の抹消登記手続をせよ。

三　訴訟費用は、被告らの負担とする。

との判決を求める。

請求原因

第一、二省略

第三　本件土地売却契約の違法

一　売却の相手方選定方法の違法

㈠随意契約の方法が許容されるための要件

⑴本件土地は、被告買受人らへの売却前は巻町の普通財産であった。……売却契約を締結する場合には、その相手方の選択に関し一般競争入札の方法によることを原則とし、随意契約等の方法は、政令で定める場合に限定される。

⑵随意契約の方法によることが例外的に許される場合として、

質問３　覚書内容からして、住民投票条例に賛成し、その条例に基づき住民投票が実施されたが、投票結果と議員としての思想信条との乖離があってはならないのか。ならないとするなら、その理由について、明確に回答願いたい。

（回答）　あなた個人の思想信条はもちろん尊重されます。原発に関する考えも自由です。しかし、あなたが住民を代表して議員として行動するときは、住民に約束したことを守ってもらわなければなりません。それは議会制民主主義が成り立つ必要最低条件です。

質問４　法に基づく直接選挙で選ばれている議員の解職請求（リコール）はやたら町内を混乱させるだけで、むやみに実施すべきものではないと考えるが、公約を守らないときや公約が実行されないときはすべてリコールの対象とするのか。明確に回答願いたい。

（回答）「公務員を選定し、これを罷免することは、国民固有の権利である。」（憲法15条１項）。

住民のリコール権の行使に何の制約もありません。政治の主人公住民の力はそれほど強大なものなのです。そして、選挙公約は、主権者住民がその意思を政治に届けるための最も大切な手段です。その公約を破る者は、いつ誰にリコールを請求されても文句など言えません。

もっとも、リコールは大変な仕事ですから、公約違反のすべてをリコールに訴える訳にもいきません。公約の重要性、公約違反の態様、程度、その影響などいろいろな事情を考えて、リコールの可否を判断することになります。

質問５　貴団体は、住民投票の実施が目的で、原発に反対でもなく、賛成でもなく中立団体と言ってきたが、住民投票結果を踏まえてもその考えは不変か。また、貴団体はそれ以外の活動はしないことになっていたが、その見解を明確に回答願いたい。

（回答）　中立の立場で原発建設の是非について町民の意思を確認しこれを町政に反映させることが、私たちの会の目的です。住民投票が行われて町民の意思が明らかになった今、これが正しく町政に反映されるよう監視していくことが、私たちが町民の皆様に約束した仕事になります。リコールその他そのために必要な活動はこれからも続けます。

平成９年５月
巻原発・住民投票を実行する会
責任者　　　菊池　誠

〔資料２〕坂下志議員の公開質問に対する「実行する会」の回答書

質問１　公約とは、町民に発表した議員の政策と思うが、貴団体と交わした覚書は公約と言えるのか。明確に願いたい。

（回答）　私たち巻原発・住民投票を実行する会は、巻原発の是非について直接町民の意思を確認し、その意思を町政に反映させることを目的とした町民の集まりです。その町民に示したあなたの約束は、まぎれもない選挙公約です（ちなみに、あなたが広く町民に配布した選挙政策リーフにも、「住民投票条例の制定に賛同します」と明記されています）。

そして、あなたも先刻ご承知のとおり、条例をつくる目的は、唯一、結果の尊重される住民投票の実現でした。「条例の制定は約束したが、結果を尊重するとは言っていない」というあなたの弁解は、この巻町では通用しません。

質問２　貴団体と締結した覚書の記載事項のどこに公約違反しているのか。明確に回答願いたい。

（回答）　覚書の第一項は、次の内容になっています。

一　甲（坂下志）は、乙（実行する会）が実施した巻原発住民投票で示された巻町民の意思を尊重し①、今次町議会議員選挙で当選した場合には、公約を同じくする他の町会議員と協同して②、巻原発住民投票条例を制定し、巻原発の是非について町民の意思を確かめる住民投票が速やかに実施されるよう努力する③ことを確認する。

あなたは当選後、条例制定派議員団を離れて原発推進派と連携し、一貫して住民投票の早期の実施に反対し、投票実施後はその結果を無視して電源立地課の廃止に反対しました。あなたの議会活動が上記約束に違反することは明々白々です。個別に指摘すれば次の通りです。

☆あなたが平成７年６月議会で条例派議員が提案した条例案に白票を投じて反対した行為は、下線②③に違反し

☆あなたが平成７年９月議会で住民投票先送りの条例改正案に賛成した行為は、下線③に違反し

☆あなたが平成８年12月議会、平成９年３月議会で電源立地課の廃止案に反対した行為は、下線①に違反します。私たちが行った住民投票に示されたのは、「原発に関する町の意思は住民の意思を確かめて決めるべきである」という巻町民の切なる願いです。この意思をあなたは尊重すると約束したのです。

	中之口村・月潟村）の議長らによる「合併問題懇談会」が巻町役場で開かれる。
12月	合併協議の枠組みが巻、潟東、岩室の組み合わせとなる。
2002年2月	巻、潟東、岩室の合併協議が決裂。
3月28日	町有地訴訟、東京高裁控訴を棄却、原告ら上告。
2003年4月27日	町議会議員選挙、町長派議員8、反町長派議員12。
8月4日	笹口町長3選不出馬表明。
12月18日	町有地訴訟、最高裁上告不受理決定。町有地売買は適法有効と確定した。同日、東北電力が巻原発の白紙撤回を示唆。
12月24日	東北電力が臨時取締役会で巻原発の白紙撤回を決定、発表した。
2004年1月18日	町長選挙、田辺新当選（1万797票、高島敦子6605票）。
2005年2月	新潟市、巻町が合併協定書に調印。

9月8日	原発推進派が条例改正の直接請求運動を行う。住民投票は「町長が議会の同意を得て」実施することに改正される。佐藤町長のもとで、住民投票の実施は事実上不可能となった。 10月3日条例改正案可決（議長裁決）。
10月27日	「実行する会」は佐藤町長のリコールを宣言。「原発反対連絡会」とともに署名を集め、12月8日1万231名のリコール署名を巻町選挙管理委員会に提出した。
10月31日	体育館使用不許可取消訴訟、新潟地裁判決。町に賠償命令。
12月8日	高速増殖原型炉「もんじゅ」でナトリウム漏洩事故。
12月15日	佐藤町長、リコール投票を待たずに辞職。
1996年1月21日	町長選挙、原発推進派は候補を立てられず、「実行する会」代表笹口孝明当選8569票、長倉敏夫991票。
3月21日	原発住民投票、8月4日と決定。
8月4日	住民投票。結果：投票総数2万503票（投票率88.29％）、原発反対票1万2748票、原発賛成票7904票。
9月	笹口町長が東北電力新潟支店、資源エネルギー庁を訪問し、原発建設計画の白紙撤回を申し入れる。
1997年5月	坂下町議のリコール署名開始。
9月7日	坂下町議のリコール投票、解職成立。
1999年4月	町議会選挙。
8月30日	「実行する会」メンバーが笹口町長から「町有地」を買い取る。
9月30日	東海村の㈱JOCの臨界事故。
2000年1月16日	笹口町長再選（笹口1万102票、田辺新9835票）、267票の僅差であった。
5月11日	原発推進派5名が原告になり、町有地売買の無効を主張し買受人らに対し土地の町への返還を求める住民訴訟を新潟地裁に提起する。
2001年3月16日	町有地裁判で新潟地裁判決。売買は適法有効、「実行する会」の勝訴。原告ら控訴。
10月	西蒲原郡六町村（巻町・西川町・潟東村・岩室村・

	あり、佐藤町長の原発推進姿勢があらわになる。1994年2月墓石撤去。東北電力もわずかに残る敷地内未買収民有地の買取りを進める。
1993年4月	県道巻・五ケ浜線、国道（460号）に昇格。
6月	巻町議会、1号機の早期着工促進決議。
10月	佐藤町長、フランスに原発視察旅行。
1994年3月	佐藤町長、議会で「原発の凍結解除、世界一の原発をつくる」と三選出馬を表明。
8月	町長選挙、原発推進佐藤当選9006票、慎重推進村松治夫6245票、原発反対相坂功4382票、二人の合計が1万602票で佐藤票を上回る。
10月	「巻原発・住民投票を実行する会」発足。町有地売却の可否、原発建設の是非は町民の住民投票で決すべし。
11月	「実行する会」自主管理住民投票の実施を宣言。
11月	「住民投票で巻原発をとめる連絡会」結成。
11月	五福トンネル開通。
12月	東北電力、町に町有地の買収を打診。
1995年1月22日 ～2月5日	「実行する会」の自主管理住民投票、投票総数1万378票、原発反対9854票、賛成474票、原発建設反対票が佐藤町長の町長選得票数9006票を上回る。
2月10日	東北電力は町に「町有地」の売却を要請し、佐藤町長が「町有地」売却を諮る臨時議会を20日に招集する。
2月20日	臨時町議会、原発反対派の実力抗議行動で流会、「町有地」売却ならず。
4月	統一地方選町議会議員選挙、住民投票条例の制定を公約した候補12名が当選、巻町議会の過半数を占める。
6月26日	住民投票条例案可決（「実行する会」と覚書を交わし条例制定を公約に当選した保守系新人2名が早々に議員団を離脱して条例案の可決は絶望視されていたなか、原発推進派議員1人の投票ミスに救われたもの）。佐藤町長に条例の施行から90日以内の住民投票の実施が義務付けられた。

3月	スリーマイル島原発事故起こる。
1980年12月	町長高野幹二、原発建設同意表明。
12月	巻漁協、間瀬漁協、漁業補償協定に同意。
1981年5月	反対会議、地主会など巻原発住民投票要求署名活動、署名数8709名。
8月	通産省、第一次公開ヒアリング開催。
11月	巻原発の電調審上程、認可。巻原発が1985年着工1990年2月完成予定で国の電源開発基本計画に組み入れられた（国を挙げてその実現を目指す発電所に認定）。
1982年1月	新潟県知事君健男、建設同意を表明。 東北電力、国に巻原発1号機の設置許可を申請。
8月	町長選挙、筆者も立候補。選挙母体として「原発のない住みよい巻町をつくる会」発足。慎重推進長谷川要一8298票、積極現職高野幹二8256票、高島2358票。
1983年4月	用地買収の難航を理由に東北電力が2、3、4号機の計画を撤回。
9月	東北電力が国に安全審査の中断を申し入れ。以後、1994年町長選の頃まで10年以上審査再開の動きはない。
11月	東北電力が敷地見直しを公表（反対派の土地を除外）。
1986年4月	チェルブイリ原発事故起こる。
8月	町長選挙、原発慎重推進を掲げた佐藤莞爾が、当選後積極推進に転じた現職長谷川要一を破る。
1987年10月	角海浜の墓地跡地（登記上「所有者巻町」）の帰属をめぐる寺と町の裁判で東京高裁が判決。「町有地」と確定する。
1990年8月	町長選挙、長谷川前町長が「原発凍結」を公約に挑むも、佐藤町長も「原発凍結」を表明して再選。
1991年8月	原発推進2団体が「原子力懇談会」に一本化。
1992年8月	敷地内民有地を東北電力が買収。
9月	佐藤町長が「町有地」の改葬手続に着手（墓石、埋葬骨の移転措置）。東北電力へ売却する準備行為で

〔資料１〕年表

1965年	不動産ブローカーなどが観光施設建設の名目で角海浜の土地買収を始める。
1969年６月	新潟日報が東北電力の巻原発建設計画を報道。計画が明らかになったときには、予定敷地角海浜の土地はほとんどが買収済みであった。観光施設建設の名目等で買い取ったことから、電力は後に売主らから詐欺による売買の取消し、土地の返還を求める裁判を起こされている。これに先立ち、県が町に原発計画を説明。この頃、角海浜の住民はわずかに８世帯13人。
６月	「角海浜原発三団体連絡協議会」結成（社会党・地区評・巻労連）。
６月	「巻原発阻止町民会議」(共産党系住民組織）結成。
12月	角海浜臨時部落総会、原発立地を承認。
12月	「巻原発をつくらせない会」結成。
1970年１月～２月	巻町漁業協同組合（五ケ浜・角田浜・越前浜・四ツ郷屋)、総会で原発反対決議。
６月	巻町議会、原発対策特別委員会設置。
10月	巻町漁協が第一次海象調査実施に同意。
1971年５月	東北電力が巻原発計画を正式発表。４基計400万キロワット、78年着工、82年運転開始。
８月	「五ケ浜を守る会」結成。
1972年11月	「原発設置反対新潟県連絡会議」結成。
1974年	シーサイドライン工事（原発敷地を迂回)。
８月	巻町長選、村松次一当選。「安全の確認ない限り原発誘致はしない」
1975年８月	角海浜で気象観測塔建設工事。
1977年８月	「柏崎・巻原発設置反対県民共闘会議」結成。
12月	巻町議会が原発誘致決議。
12月	「巻原発反対共有地主会」発足。
12月	岩室村議会、原発建設同意を決議。
1978年８月	町長選高野幹二当選8058票、村松次一7611票、原発反対船岡満2491票。
1979年２月	東北電力、巻原子力発電所準備本部を設置。

著者略歴■高島民雄（たかしま・たみお）
1948（昭和 23）年３月 17 日新潟県西蒲原郡岩室村大字岩室生まれ。岩室小学校、岩室中学校、新潟県立巻高等学校卒業、東京大学法学部入学、大学卒業後は東京地方裁判所経理課に２年間勤務。1975（昭和 50）年司法試験合格、司法研修所入所。1978（昭和 53）年３月新潟へ帰り、翌年巻町に住居を定めた。新潟市の法律事務所に３年間勤務した後、1981（昭和 56）年３月独立し、新潟市で高島民雄法律事務所を開設した。2013（平成 25）年３月に新潟県弁護士会を退会。趣味：テニス、音楽鑑賞。

もう話（はな）そう 私（わたし）と巻原発住民投票（まきげんぱつじゅうみんとうひょう）

計画白紙撤回まで 34 年の回顧録

2016 年 11 月 18 日　第１版第１刷発行

著　者……高島民雄
発行人……成澤壽信
発行所……株式会社現代人文社
〒 160-0004　東京都新宿区四谷 2-10 八ッ橋ビル７階
振替　00130-3-52366
電話　03-5379-0307（代表）　**FAX**　03-5379-5388
E-Mail　henshu@genjin.jp（代表）／ hanbai@genjin.jp（販売）
Web　http://www.genjin.jp
発売所……株式会社大学図書
印刷所……株式会社ミツワ
装　幀……山﨑登

検印省略　PRINTED IN JAPAN　ISBN978-4-87798-651-3　C0036